30天成为
高手
父母

甄知◎著

时代文艺出版社
SHIDAI WENYI CHUBANSHE

图书在版编目（CIP）数据

30天成为高手父母 / 甄知著. -- 长春：时代文艺
出版社, 2024. 12. -- ISBN 978-7-5387-7670-6

Ⅰ. G78

中国国家版本馆CIP数据核字第2024UX9888号

30天成为高手父母

30 TIAN CHENGWEI GAOSHOU FUMU

甄知　著

出 品 人：吴　刚
产品总监：郝秋月
责任编辑：张洪双
装帧设计：春浅浅
排版制作：康　楠

出版发行：时代文艺出版社
地　　址：长春市福祉大路5788号　龙腾国际大厦A座15层（130118）
电　　话：0431-81629751（总编办）　0431-81629758（营销部）
官方微博：weibo.com/tlapress
开　　本：880mm×1230mm　1/32
印　　张：6
字　　数：140千字
印　　刷：三河市泰丰印刷装订有限公司
版　　次：2024年12月第1版
印　　次：2024年12月第1次印刷
书　　号：ISBN 978-7-5387-7670-6
定　　价：39.80元

图书如有印装错误　请与印厂联系调换　（电话：0316-3650042）

　　所有父母都有一个共同的心愿：希望孩子能够健康、快乐地成长，并在未来取得成就、脱颖而出。然而，教育孩子从来不是一件轻松的事。在孩子的成长过程中，常常会出现许多问题，比如不听话、没规矩、爱惹事、不爱学习、不懂自我保护、不自信、不合群等。

　　面对这些问题，许多父母常常感到忧心忡忡，绞尽脑汁地想要教育好孩子，然而结果往往不尽如人意。明明是全心全意为孩子好，孩子却不愿听从，甚至无法理解；明明是关爱孩子，孩子却不领情，反而用各种不良行为来反抗。

　　这究竟是为什么呢？

　　问题的根源在于父母的教育方式。尽管他们深深地爱着孩子，却未能正确地表达这种爱，常常没有耐心陪伴孩子，甚至在教育孩子时采用简单粗暴的方式。他们渴望与孩子建立和谐的亲子关系，却往往未能真正理解和接纳孩子，甚至不信任孩子；他们希望孩子养成良好的品格和习惯，却常常无意中打击、否定甚至贬低孩子，且未能为孩子树立良好的榜样。

正如某位教育家所言，孩子的问题往往源于父母的教育方式，甚至是父母自身的问题。因此，父母应当跳出思维误区，学会理解、接纳和尊重孩子，并掌握正确的教育方法和沟通技巧，只有这样，才能与孩子建立和谐、亲密的亲子关系。

本书将从如何给予孩子真正的爱、如何给孩子立规矩、如何培养孩子的好性格和好习惯、如何培养孩子的独立性、如何提升孩子的学习力与专注力、如何帮助孩子应对霸凌、如何与孩子进行有效沟通，以及如何化解亲子冲突等方面，列举一些父母的成功教育方法，并分析这些方法对孩子身心健康和人格发展的深远影响。只要父母们能够转变观念，汲取经验教训，并灵活运用正确的教育方法，他们就能成为"高手父母"，培养出品学兼优、才艺出众、身心健康的优秀孩子。

第 **1** 天

好的父母，
要给孩子真正的爱

◎ 你的爱为什么会换来孩子的对抗？
◎ 孩子为什么故意在课堂上捣乱？
◎ 你给孩子买了礼物，孩子为何仍不高兴？
◎ 你对孩子的活动不感兴趣，参加还是拒绝？
◎ 孩子看到什么想买什么，该不该满足他？

你觉得自己很爱孩子，孩子却用暴力、磨蹭、沉默、自暴自弃等行为和你对抗

》 高手父母的做法

叫孩子睡觉："睡觉吧，早睡早起身体好。"

孩子不愿写作业："你不是说要考个好成绩吗？作业都完不成，怎么有好成绩？"

叫孩子多穿衣服："降温了，你打开窗户感受一下……冷不冷？是不是需要添件衣服？"

孩子把试卷拿回家："很不错，比上次进步了，说明你努力了。""这次没考好不代表什么，我们找下原因，爸爸相信你！"

为什么这样做 ○

心理学将沟通分为三个层次：打招呼（封闭）、说观点（半敞开）、谈感受（敞开）。当你表达感受的时候，对方才能感受你的感受，愿意向你敞开心扉。

如果父母只是跟孩子打招呼、说观点，就无法让孩子感受到爱。孩子感受不到爱，内心就会缺乏安全感，产生类似下面的疑问："爸爸妈妈爱我吗？我安全吗？"一旦得不到答案，或从父母的言行中得到错误的答案，他们就会关闭自己，用暴力、磨蹭、沉默、自暴自弃等行为来和父母对抗。

所以，父母要正确向孩子表达爱，蹲下来和他们聊聊他们的感受，在他们情绪不好时给予鼓励和安慰，在他们情绪好时分享他们的快乐，这样才能让他们感觉你是爱他们的。

孩子三天两头惹事，在课上捣乱，但老师一找家长，孩子就积极认错

》 高手父母的做法

高手父母首先会告诉孩子："你这样的行为是错误的。你在课上捣乱，是不是耽误了自己和其他同学的学习？"然后用平静的口气询问孩子："你为什么要这样做？"

如果孩子说是因为父母忙于工作，忽视了关注和关心他，捣乱只是为了引起老师、父母的注意，那么高手父母会及时向孩子道歉，以后多关照孩子内心的需要，多给孩子一些爱的关注。在这个过程中，他们还会引导孩子正确表达自己的情绪，说出自己内心的想法。

为什么这样做 ●

没有父母是不爱自己孩子的，可是由于忙于工作、家务等原因，难免有时会忽略对孩子的关注和陪伴，而这会对孩子造成一定的伤害。孩子得不到关注，就会感觉自己不被重视，除了会用各种行为向外界索取关注和爱，还会变得越来越冷漠、叛逆。

这类孩子的内心是孤独的，严重缺乏安全感，对周围的人常怀有戒备心，容易敏感、暴躁。他们虽然情感需求强烈，渴望与人亲近，渴望被爱，但是很难被人亲近，很难结交到朋友。父母只有不在孩子的生活中长期缺席，不忽视孩子的情感需求，用心关注和关爱孩子，才能让他们在爱的滋养下健康、快乐地成长。

孩子过生日，你正好有应酬，给他买了很多零食和玩具，孩子仍不高兴

》 高手父母的做法

　　高手父母首先会心平气和地询问孩子："给你买了零食和玩具当礼物，你为什么还不高兴？"然后根据孩子的具体回答，采取相应的对策。如果孩子觉得礼物太轻了，想要更好的礼物，高手父母通常会告诉孩子："礼物的价值不在于价格，而在于心意。即便不买贵重的礼物，也不代表爸爸妈妈不爱你。"

　　如果孩子对父母缺席的生日感到失落了，高手父母会推掉应酬，用心给孩子过生日：或者来一点仪式感，满足孩子奇奇怪怪的想法；或者搞一个别致的生日会，为孩子创造一些难忘的记忆。

为什么这样做 ▶

　　父母用物质给予代替对孩子的关爱，是一种爱的错误表达。这种对孩子身心关注太少的爱，很难使父母跟孩子建立起亲情的纽带。久而久之，孩子与父母的情感也就淡了。

　　父母经常用物质代替爱，用物质补偿孩子缺失的情感，还会给孩子一种错觉：爸爸妈妈认为钱最重要，钱就代表了爱，进而不自觉地产生物质至上的思想，认为金钱可以换来亲情，可以买来一切。

　　孩子需要的不只是金钱和物质上的富足，还需要精神和情感上的满足。所以，父母不要把爱物质化，而要给予孩子切实的关爱、陪伴、理解与支持。

孩子跟小伙伴约定周末进行足球赛，兴奋地邀请你去参加，你却对足球不感兴趣

》 高手父母的做法

高手父母会把这次活动当作一次亲子互动机会，欣然答应孩子的邀请。在参与过程中，他们会放下家长的架子，尽情享受运动的快乐。

如果他们实在对足球不感兴趣，也会提出其他方式来陪伴和支持孩子："我很高兴你邀请我参加你的足球赛，但我对足球一点都不了解，也不太会踢。不过，我可以参加啦啦队，为你加油！或者我在看台观看比赛，记录下一些精彩瞬间。可以吗？"

同时，他们还会提出一些替代方案，承诺参加一些其他亲子活动，如亲子运动会、爬山、骑车等，表达对孩子的支持和关心。

为什么这样做 ⊙

孩子邀请父母参加自己热衷的活动，说明他希望父母能参与自己的生活，分享自己的快乐。这是很好的亲子互动活动，也是增进亲子感情的好机会。如果父母仅仅因为自己不感兴趣就拒绝参加，会让孩子失望。父母积极参与孩子的活动，会让孩子感到开心和满足，感受到父母的尊重、支持和爱，进而体会到真正的快乐。

更重要的是，孩子感受到父母的关爱后，更容易与父母建立起亲密无间的关系。良好的亲子关系不仅有助于孩子身心的健康发展，还能培养出孩子良好的性格，促使孩子更健康地成长。

逛超市，孩子看到什么就想买什么，购物车都快装满了，孩子却还想再买

≫ 高手父母的做法

　　高手父母通常会事先跟孩子约定："今天去超市，你可以买一件玩具，三种零食，所有商品的总价不能超过××元。"并且用拉钩增加仪式感。如果孩子克制不住想买的念头，他们会适度提醒孩子遵守约定，有条件地拒绝："这个玩具你可以要，但今天的名额已经用完了，得下次才能买。"

　　当孩子完成约定的时候，他们会及时表扬孩子："你遵守了我们的约定，虽然有一个玩具你非常喜欢，但还是克制住了。你做得很棒！我们下次来买下它吧！"

为什么这样做 ◉

　　无原则地满足孩子的要求，会让孩子认为得到一样东西是件很轻松的事。久而久之，孩子会变得需求越来越多，越来越贪心，只知道满足自己的需求，不顾及别人的感受，最终变成一个自私、骄纵、唯我独尊的人。一旦父母不能满足孩子的要求，孩子就会耍脾气、哭闹，想尽一切办法来实现自己的目的，甚至会怨恨父母，成为只知道索取不懂得感恩的人。

　　父母无原则的爱只会毁了孩子。适当控制孩子的要求，根据实际情况拒绝孩子，同时提高孩子愿望实现的成本，让孩子体会父母的辛苦与付出，才是真正地爱孩子。

第 **2** 天

教育孩子，
父母要找好角色定位

◎ 孩子赖床，为什么你的批评不起作用？

◎ 孩子碰伤同伴，如何引导孩子承担责任？

◎ 孩子心情沮丧，怎样走进孩子的内心？

◎ 陪孩子读书，如何做一个合格的陪读者？

◎ 孩子爱冒险，如何守护孩子的安全？

孩子喜欢赖床，早上非要催个三五遍，他才肯慢吞吞地起床

》 高手父母的做法

　　高手父母首先会反省自己是否有赖床的坏习惯，然后从自身做起，给孩子做好榜样。到了晚上 9 点半左右，他们会放下手机，准备上床睡觉；不看电视看到很晚，不躺在床上熬夜玩游戏、刷视频；定好闹钟，闹铃一响，立刻起床、洗漱，绝不赖床。

　　他们还会给孩子规定一个睡觉和起床的时间，让孩子养成早睡早起的习惯，比如晚上 9 点半上床睡觉，早上 7 点起床。如果没有特殊情况，到了睡觉时间就让孩子上床，静下来，为睡觉做好准备。

为什么这样做

　　孩子是天生的模仿者，时刻在模仿着父母的一言一行。父母时常晚上 12 点才睡觉，孩子也会跟着玩到 12 点；父母时常赖床，孩子也会跟着赖床，即便父母催个三五遍，也不愿起床。

　　在这种情况下，即使父母再怎么要求和批评孩子，孩子也不会服气，反而会心生不满：你都做不到，凭什么要求我？同时，父母的言行不一还会让孩子越来越不信任，导致父母在孩子心中的形象越来越负面。

　　因此，想让孩子早睡早起、不赖床，父母必须以身作则，让孩子在耳濡目染中养成好习惯。

孩子踢球时碰伤了同伴，对方家长不依不饶，孩子站在那里不知所措

》 高手父母的做法

　　高手父母首先会引导孩子向对方道歉，并安抚对方家长的情绪。如果有必要，他们会立即将受伤的孩子送往医院检查和治疗，并支付相应的医药费。

　　其次，他们会安抚自己孩子的情绪："没事，有爸爸妈妈在，你不用怕、不要慌，我们一起来解决问题。"

　　然后，他们会问清孩子事情的经过，告知孩子错在哪里，他的错误行为会造成什么后果，并引导孩子为自己的行为承担责任，包括向同伴道歉、送同伴去医院、事后带着慰问品探望同伴等。

　　最后，他们会让孩子反省和总结，之后遇到类似的事应如何承担责任和解决问题，同时教孩子正确地玩耍和运动，尤其是注意自身和他人的安全。

为什么这样做

　　孩子在生活中难免会闯祸，尤其是与同龄人玩耍时，可能会与同伴发生冲突，伤害到对方。这时候，如果父母直接为孩子"扛事"，替孩子解决所有问题，不仅会让孩子越来越依赖父母，还会让孩子对错误和责任意识愈加模糊，变得不分对错、不辨是非，不知什么时候该承担自己的责任。

　　只有让孩子认识到错误所产生的后果，引导并鼓励孩子为自己的错误负责，才能培养孩子的责任感和担当意识。

孩子踢球输了，心情十分沮丧，一回家就把自己关在房间里

》 高手父母的做法

    高手父母能及时发现孩子的情绪不对劲，耐心地询问孩子："是不是感觉不舒服？为什么情绪会低落……"得到答案后，他们会给孩子空间，让他自己和情绪相处一会儿，缓解情绪。如果孩子想倾诉，他们会静静地倾听，接纳和认同孩子的情绪。

    然后，他们会耐心地与孩子沟通："我明白，输球的感受真的太难过了。我也知道你现在心情很失落，但一次的失败并不能代表你们的实力……"

    最后，他们会分享自己的经历，让孩子知道每个人都会遭遇困难和失败："我之前和同事竞争一个项目，也因为临场表现不佳失败了……"引导孩子接纳自己、接纳失败，为下一次成功而努力。

为什么这样做 ●

    孩子渴望与他人分享自己的喜怒哀乐，这时候，如果父母能像朋友一样理解他、跟他交流，可以让孩子感觉到自己和父母是处于平等地位的，与父母的谈话是积极开放的，从而更加信任父母，主动说出自己的想法、感受。这样父母就能走进孩子的内心，更深入地了解孩子，双方就能进行有效的思想和情感沟通。

    当父母和孩子成为朋友时，孩子会感受到更多的尊重和理解，这有利于孩子建立积极的自我形象，让孩子更加自信地应对生活中的各种挑战。

陪孩子读书，你把书塞给孩子，自己玩起手机来，引得孩子十分不满

» 高手父母的做法

高手父母会全身心地陪伴孩子阅读，把手机放在一旁，在陪孩子阅读的时间里不会频繁地看手机。

如果孩子还不识字，他们会声情并茂地为孩子朗读绘本或故事内容，读完一遍后再领着孩子一起翻看。等孩子认字认得比较全，能自主阅读一些书籍后，他们则会陪着孩子阅读："我们读完一个故事后，给对方讲故事的内容，看谁讲得精彩！"

当双方有不同的阅读兴趣时，他们会一边让孩子阅读孩子喜欢的书，一边在一旁读自己喜欢的书，共同体会读书的快乐。

为什么这样做 ●

父母把书丢给孩子，自己在一旁玩手机，是一种无效陪伴、假装陪伴。孩子是非常敏感的，你有没有真心地投入，他完全可以感受到。很多时候，这种名义上的陪伴比不陪伴更伤害孩子。孩子会认为，在父母心目中，自己无关紧要，因为父母根本不关心他，不在意他。

陪伴并不是仅仅陪着而已。放下手机，真心、耐心、贴心地陪伴孩子，才能给孩子带来快乐、幸福和安全感。哪怕陪伴的时间只有半小时，也能让孩子感到满足，感受到父母的爱。

父母只有做合格的陪伴者，给予孩子高质量的陪伴，亲子沟通才能更顺畅，亲子关系才能更和谐。

孩子爱冒险，喜欢爬高，经常趁你不注意爬到单杠上

≫ 高手父母的做法

　　高手父母首先会明确态度："不可以爬到单杠上，这种行为是危险的。"如果孩子屡教不改，则会给予适当惩罚。

　　接着，他们会告诉孩子为什么这样的行为不被允许："单杠太高了，你爬上去很容易摔下来，把自己摔伤。"同时会对孩子进行安全教育，比如选一些简单易懂的安全读物，给孩子普及相关的安全知识，让孩子知道哪些行为属于危险行为，是坚决不能做的。

　　然后，他们会给孩子树立正确的生命观，告知孩子做一些危险行为可能会危及生命。

　　最后，他们会保护孩子的安全，合理引导孩子的冒险、探险行为，让孩子远离可能存在的危险。

为什么这样做 ●

　　很多时候，孩子做出一些危险行为并不是淘气，更不是与父母作对，而是对世界充满了好奇，爬高也好，玩水、玩火也罢，都是挑战未知领域的体现。

　　这时候，父母教训、恐吓孩子，不但不能制止孩子，反而会刺激他们继续做类似的事。父母只有向孩子明确这些行为的危险性，告知孩子这样做的后果，同时培养孩子的安全意识，引导孩子合理地冒险、科学地探险，才能让孩子主动远离危险，保护好自己。

第 **3** 天

做好孩子的玩伴，
陪孩子快乐成长

◎ 孩子缠着你玩游戏，陪玩还是忙自己的？

◎ 孩子喜欢角色扮演游戏，拒绝还是参与？

◎ 孩子迟迟学不会游戏规则，怎么办？

◎ 孩子玩游戏输了就耍赖，该不该惯着他？

◎ 孩子把泥巴抹得浑身都是，要不要制止他？

孩子缠着你陪他玩游戏，可是你正在加班赶报告

》 高手父母的做法

　　高手父母都能理解孩子想和父母一起玩的心情，在确实抽不开身时，他们首先会安抚孩子："我知道你很想和爸爸玩游戏。"

　　其次，他们会指出孩子的行为给自己造成了困扰："你不时拿拼图放在我的电脑上，打扰到爸爸了。爸爸没办法安心工作，就完不成报告，完不成报告，领导会批评我……"

　　接着，他们会向孩子做出承诺："爸爸还需要 30 分钟完成工作。你先自己玩一会儿，我忙完之后，马上陪你玩游戏。好吗？"同时给孩子安排一些他喜欢做的事，并告知孩子在这段时间内不能打扰父母工作。

　　最后，他们会说到做到，完成工作后专心地陪孩子玩游戏。

为什么这样做 ●

　　在孩子成长过程中，吃、睡、玩是头等重要的事情。父母保证孩子做好这三件事，孩子才能健康、快乐地成长。

　　父母陪孩子玩游戏，不仅能促进建立亲密的亲子关系，还能让孩子更开朗乐观，更有安全感。同时，在父母的陪伴和指导下玩游戏，可以让孩子学到更多的生活技巧、社会规则，提高孩子独立解决问题的能力，让孩子的心智得到充分发展。

　　因此，在孩子成长过程中，父母的陪玩是必不可少的，即使工作再忙，也要抽出一些时间来专心地陪孩子玩游戏。

孩子沉迷于角色扮演游戏，自己扮公主，让你扮骑士，保护她"环游世界"

》 高手父母的做法

高手父母首先会积极参与孩子的角色扮演游戏："宝贝，要成为一位公主，首先你要相信自己是一位公主，像公主那样走路、微笑和挥手。而且，公主除了美貌，还有善良和勇气。"

然后，给孩子自由发挥的空间，对孩子表现好的行为进行表扬："你帮助了受伤的小兔子，很有爱心哦！"

同时，和孩子讨论如何环游世界，模拟在环游世界的过程中遇到了哪些好玩的事、有趣的人、危险的挑战等，引导孩子阅读一些类似的故事书，丰富孩子的想象力。

最后，提供更多的故事，与孩子一起扮演故事中的角色，在游戏中培养孩子的规则意识、社交能力以及同理心等。

为什么这样做 ●

当孩子要求父母玩角色扮演游戏时，如果父母觉得幼稚而拒绝，会在无形中伤害孩子，使孩子失去玩游戏的积极性。

孩子喜欢玩角色扮演游戏，说明他已经进入一个新的认知阶段。通过玩游戏，孩子不但可以获得快乐，还可以学会更多的技能，包括社交能力、解决问题的能力，进而让自己的智能、体能和思维得到充分发展。

在角色扮演游戏中，孩子可以从不同的角度看待、思考问题，这有利于提高孩子的共情能力，让孩子更好地与这个世界相处。

教孩子玩一款游戏，你说了好几次游戏规则和操作技巧，孩子仍学不会

》 高手父母的做法

高手父母首先会保持耐心和理解，告诉孩子不要着急，鼓励孩子再尝试一次："不要着急，这个游戏有些难度，你暂时学不会也是正常的。我们再尝试一次，好不好？"

然后，他们会简化规则和操作技巧，用简单的例子向孩子进行讲解，以便孩子更好地理解。同时亲自示范游戏的操作："我演示一次，你仔细看，然后模仿我的动作……"

如果发现游戏对孩子来说确实有难度，他们会及时调整，把游戏变得简单一些，或者把游戏分成几个简单的部分，先让孩子掌握其中一两个部分，再逐步增加难度。

为什么这样做

教孩子玩新游戏，需要给孩子充分的时间，让他能静下心去学习。父母不能低估孩子的学习能力，也不能高估孩子的学习进度，要耐心地教孩子理解游戏规则、熟悉操作技巧，鼓励孩子不断地尝试，从而让孩子更有信心和动力，让孩子爱上这个游戏，并勇于尝试难度更高的游戏。

父母要知道，没有什么新技能是一学就会的。孩子也是在不断学习、练习、尝试中成长起来的。父母只有保持耐心，多鼓励、多引导，才能让孩子学会新技能。这样即便孩子将来遇到了其他困难，也不会轻易放弃，而是积极寻找办法去解决。

孩子太好胜，玩游戏赢了就高兴得手舞足蹈，输了就耍赖

》 高手父母的做法

高手父母首先会安抚孩子的情绪，试着与孩子共情："我看你哭得很伤心，知道你真的很想赢。"然后耐心地与孩子沟通："玩游戏是有规则的，输了就哭闹、耍赖是错误的。你不讲规则，以后小朋友都不会和你玩。"

接着会告诉孩子，只要玩游戏，就有输有赢，输赢都是正常的，帮孩子克服沮丧的情绪，分析失败的原因，引导孩子提升游戏水平，让孩子有机会赢。

最后，会给予孩子鼓励，关注孩子的进步，让孩子重获自信："你的表现比上次好多了，我虽然胜了，也是险胜。只要你多练习，下次一定能赢我！"

为什么这样做 ●

孩子赢了就高兴，输了就哭闹、耍赖，是输不起的表现。父母如果纵容，不纠正，不引导，反而故意输给孩子，会导致孩子越来越输不起，不能正确地面对输赢，长大后受到一点挫折就承受不住，甚至产生偏激、嫉妒、仇视等不良心理。父母如果任凭孩子破坏游戏规则，将来还可能导致孩子为了赢而不择手段。

只有引导孩子正确地看待输赢、胜败，才能提升孩子的承受力、受挫力和意志力，孩子才能有勇气和信心挑战一切难题，就算陷入困境、遭遇失败，也能及时调整自己的心态和行为。

孩子开心地与小伙伴玩泥巴，你看到孩子把泥巴抹得浑身都是，想制止他继续玩

≫ 高手父母的做法

　　高手父母看到孩子玩得高兴，会支持和鼓励孩子，同时会提醒孩子注意安全和卫生："宝贝，泥巴虽然好玩，但也要谨慎小心一些，不要抹到眼睛和嘴巴里，要小心里面有没有尖锐的石头……"

　　一些高手父母还会加入孩子的游戏，教孩子捏泥塑、搭城堡，与孩子一起探索更多新的玩法，让孩子尽情玩个够。在这些父母的陪伴下，泥巴不只是泥巴，而成了一座增进亲子感情、激发创造力的桥梁。

为什么这样做 ○

　　父母只有尽可能地为孩子创造一个宽松、自由、愉快的玩耍环境，让他们尽情地享受游戏的乐趣，玩得开心，玩得尽兴，才能促进他们身心健康、全面发展。

　　孩子正玩得兴致勃勃时，如果父母突然打断他们，很可能会让孩子的情绪受到打击，让孩子从原本的开心、兴奋转变为沮丧、失望，同时让孩子感到不被尊重，导致亲子关系变得紧张。

　　让孩子玩尽兴是陪孩子玩的关键。孩子玩尽兴了，不但能释放内心的压力和情绪，还能尽情地表达自己，感受到快乐和成就感。同时，让孩子玩得尽兴，不随意打扰，也有利于培养孩子的专注力，使孩子的创造力、想象力、自制力得到充分发展。

第 **4** 天

这样给孩子立规矩，
孩子才愿意听

◎ 什么时候给孩子立规矩最合适?

◎ 你给孩子立规矩，孩子为什么不同意?

◎ 你立的规矩为什么对孩子不管用?

◎ 为了规范孩子的行为，该为他立哪些规矩?

◎ 如何利用奖惩制度让孩子守规矩?

孩子快 3 岁了，是不是该给孩子立规矩了

》 高手父母的做法

　　高手父母认为，越早给孩子立规矩越好，明确的规矩能让孩子培养自律意识，规范自己的行为，逐步养成良好的习惯和礼仪。

　　孩子 2 岁时，他们会告知孩子一些生活中的规则，培养孩子的规则意识："每个人都要遵守一定的规则，比如……"

　　孩子 3 岁时，他们会针对孩子的具体情况给他立一些恰当的规矩，比如发现孩子爱用勺子敲碗，就立一些吃饭的规矩。

　　高手父母在立规矩的同时，如果发现孩子破坏规矩，会给予相应的批评和惩罚，不姑息，不纵容。

为什么这样做

　　孩子从 2 岁以后，内心的自我意识、规则意识便会浮现，而到了 3 岁左右，孩子的认知、情感和社会性都开始快速发展，同时进入规则敏感期、行为习惯敏感期。这时候，给孩子立规矩，让他们知道什么该做什么不该做，对他们建立良好的行为习惯、品格、社会规范是非常有帮助的。

　　规矩越早立越好。孩子 3 岁时，父母不给他立规矩，等到五六岁再立，孩子就很难约束了。这时孩子的独立性、自我意识已经形成，坏习惯已经养成，很难再让其遵守规矩，改正坏习惯，久而久之，孩子就会成为人人厌恶的"熊孩子"，长大了很难融入社会。

规定孩子晚上 9 点半必须睡觉，孩子不同意，跟你商量推迟 20 分钟

>> 高手父母的做法

高手父母定规矩前，首先会与孩子进行沟通和协商，让孩子参与规矩的制定。当孩子说推迟 20 分钟时，他们会询问孩子为什么要推迟，耐心倾听孩子的想法。

接着，他们会认真思考孩子的建议，给出合理的解决方法："我理解你的想法。不过，9 点 50 分睡觉，对你来说有些晚了。这样吧，我们推迟 10 分钟，可以吗？"

孩子同意后，他们会再一次明确规则："我们说好每晚 9 点 40 分上床睡觉，你要好好遵守规则哦！"

为什么这样做 ◉

立规矩的前提是父母尊重孩子，孩子认可规矩。很多父母只凭自己的意愿来立规矩，根本不征求孩子的意见，即便孩子明确提出反对意见，仍固执己见。结果只能是孩子产生逆反心理，用故意不遵守规矩来表达自己的不满。这样规矩就等于白立了。

父母只有尊重孩子，在坚持原则的基础上多征求孩子的意见，多让孩子参与规矩的制定，孩子才能强化规则意识，更自觉地遵守这些规矩，进而形成良好的自律。

同时，规矩不仅是一种行为准则，更是价值观的体现。当孩子认可规矩时，就等于接受和内化了这些规矩背后的价值观，这有利于孩子形成正确的道德观念和价值取向。

孩子到了晚上仍大喊大叫，你规定孩子
要保持安静，但发现并不管用

>> 高手父母的做法

　　高手父母在给孩子立规矩时，会提出简单、具体、明确的要求，让孩子清晰地知道该做什么，怎么做。比如明确规定：晚上 9 点后说话声音小一些，不大喊大叫；把电视声音调低，控制在合适的范围内；走路轻一些，不在客厅乱跑乱跳……

　　他们还会给出具体的例子来解释规矩，帮孩子更好地理解其含义。比如示范说话的音量："像爸爸妈妈这样说话，不超过这个音量就可以了。"

　　孩子如果不遵守规定，他们会及时给予批评和惩罚。如果邻居有反馈，他们会引导孩子向邻居道歉。

为什么这样做 ◉

　　孩子的理解能力和自控能力比较差，父母在给孩子立规矩时，如果语言太笼统、模糊，比如"你要安静""你要乖"之类的，很难让其清晰地理解其中的含义，更别提知道如何行动，明确什么该做什么不该做了。父母表述规矩不明确，还会让孩子认为这些规矩不重要，从而轻视和忽视它们，甚至故意违反它们。

　　父母想让孩子严格遵守规矩，就必须清晰、明确、具体地提出要求，告诉孩子什么可以做，什么不可以做，该做的一定要做好，不该做的一定不要去做。这样孩子才能更清晰地理解并遵守这些规矩，进而形成良好的行为习惯。

孩子吃饭时说个不停，你规定吃饭时不能说话，孩子总是做不到

》 高手父母的做法

高手父母会根据孩子的年龄、身心发展、行为模式来立规矩，从各方面规范孩子的行为。比如，先从吃饭的规矩立起，规定吃饭时要坐好；吃多少盛多少，不能剩下；不能边看电视边吃饭；等等。

然后，会立一些性格培养、生活习惯、礼貌礼仪方面的规矩，包括不乱发脾气，不随便动手打人；不熬夜，不赖床，按时作息；不乱丢玩具，不玩的玩具及时收起来；遇到熟人礼貌地打招呼；等等。

最后，会立一些社会规则方面的规矩，比如红灯停、绿灯行；过马路左右观察，走人行横道；自觉排队，不插队；公共场合不大喊大叫；等等。

为什么这样做 ▶

孩子没有好的行为习惯，可能是因为父母没给孩子立下科学合理的规矩，也可能是因为父母给孩子立规则的方法有问题。因此，父母要根据孩子的年龄、身心发展、行为模式来给孩子制定科学合理的规矩。当然，规矩并非越多越好，规矩太多，执行起来很复杂，孩子很难坚持下去，久而久之规矩就会成为摆设。

父母有目的性和针对性地给孩子立规矩，才能帮助孩子建立全面具体的行为规范，培养孩子的自律意识、责任感和社会适应能力，同时确保规矩的有效性和权威性。

你规定不能碰插座，不能碰燃气灶上的按钮，孩子出于好奇，还是偷偷去碰

》 高手父母的做法

　　高手父母在制定规矩的同时，会制定明确的奖惩制度，并与孩子进行沟通和商量，确定奖励或惩罚的标准。比如，采取积分制度，遵守不同的规矩奖励 1—3 分，违反不同的规矩扣除 1—3 分。一周积满 10 分，奖励超市购物一次；扣除分数满 5 分，扣 5 分钟看电视时间；扣除分数满 10 分，罚站或减少超市购物一次。

　　一旦孩子犯错，不遵守规矩，就严格按照制度办事，不因孩子哭闹、耍赖就免于惩罚，不因自己心情糟糕就加重对孩子的惩罚。

为什么这样做

　　规矩是用来规范孩子行为的，让孩子知晓行为的界限在哪里。如果孩子遵守规矩，却没有奖励，就会打击其积极性；如果孩子违反规矩，却没受到惩罚，就会让规矩失去权威性，让孩子不再畏惧规矩；如果孩子违反规矩，父母不按事先约定的去惩罚，只凭个人心情来惩罚，孩子就会混乱，不明白为什么上次只是罚站这次却被打手板，进而产生逆反心理。

　　奖励作为一种激励手段，旨在鼓励孩子表现出积极、正面的行为。当孩子因遵守规矩而受到奖励时，他会更愿意继续保持这种行为，形成良好的行为习惯。适当的惩罚可以让孩子意识到错误，明白自己的行为会带来一定的后果，从而有意识地遵守规矩。

第 **5** 天

不要一边给孩子立规矩，
一边亲手破坏它

◎ 当孩子试图打破规矩时，该不该放纵他？

◎ 当自己破坏规矩时，该不该对自己网开一面？

◎ 当爷爷奶奶想给孩子说情时，该不该开绿灯？

◎ 当孩子破坏规矩时，如何惩罚才有效？

◎ 当孩子经常忘记规矩时，怎样才能让他长记性？

到睡觉时间了，孩子还要看动画片，不肯上床睡觉

≫ 高手父母的做法

　　高手父母会坚持原则，用温和且坚定的态度拒绝孩子："已经到睡觉时间了，你必须上床睡觉了。"

　　如果孩子仍不肯上床睡觉，央求再看一会儿，他们会继续坚持原则："不行，说好了 9 点半睡觉，说到就要做到哦！"就算孩子哭闹，他们也不会妥协："这是规矩，你必须遵守。哭闹也没用，我不会妥协哦！"

为什么这样做 ◉

　　当孩子打破规矩时，如果父母不讲原则，孩子一哭闹就妥协，就会让孩子成为规矩的破坏者。因为在孩子看来，这次父母妥协了，那么下次我这样做，他们还会妥协，久而久之，规矩形同虚设，孩子随时都可以打破。同时，父母不讲原则，习惯性妥协，会把孩子打造成不讲理、任性、以自我为中心的"熊孩子"。

　　父母有原则，才能培养出懂规则、守规矩的孩子。面对孩子的不良行为和不合理要求时，父母要坚持原则，用温和且坚定的态度拒绝孩子，这样才能让孩子意识到自己的行为是有边界的，不能肆意妄为。

　　爱孩子和坚持原则并不矛盾，否则爱孩子就会变成溺爱。父母在爱孩子的同时坚持原则，不因孩子哭闹而妥协，将来孩子才能形成正确的行为规范和价值观。

说好刷牙后不许吃东西，却被孩子发现你偷吃零食

≫ 高手父母的做法

首先，高手父母不会认为规矩只为孩子而立，他们会带头遵守规矩。要求孩子做到的事，他们会先做到、做好，给孩子树立良好的榜样。

如果他们出现偷吃零食等破坏规矩的行为，且不小心被孩子发现，他们会坦诚地承认自己的错误，并真诚地向孩子道歉："对不起，妈妈错了，不应该在刷牙后偷吃零食。"然后按照规定惩罚自己："我破坏规矩了，应该按照咱们事先的约定惩罚自己。"

为什么这样做 ●

教育无他，榜样而已。父母规则意识不强，对孩子来说就是最负面的榜样。父母没有清晰的规则界定，只是单纯地把规则强加给孩子，要求孩子这样做，自己却不遵守，甚至带头破坏规矩，是很多孩子不守规矩的重要原因。

父母带头破坏规矩，轻则会让孩子认为这个规矩不重要，不遵守甚至随意破坏，重则会降低孩子对父母的信任度，让孩子产生不安、反感和抵触情绪。这种信任的破坏会让孩子困惑和迷茫，不知如何应对类似的情况，难以建立稳定的行为模式，同时还会影响亲子关系的和谐，使孩子难以感受到家庭的安全和温暖。

父母只有以身作则，带头遵守规矩，才能让孩子心甘情愿去遵守规矩，进而建立良好的行为模式和行为习惯。

规定每天只能看 30 分钟电视，爷爷奶奶来了，非要让孩子多看一会儿

》 高手父母的做法

高手父母给孩子立规矩，不会因任何理由朝令夕改。

首先，前后保持一致，绝不今天说这样，明天说那样。

其次，内外保持一致，在家里不允许的行为，在外面也不能放肆做。比如，在家里不允许喝饮料，在外面也不允许喝，就算别的孩子喝饮料，别的家长给孩子说情，也不能更改规则。

最后，家庭成员保持一致，父母定下"每天只能看 30 分钟电视"的规矩后，爷爷奶奶也要遵守规矩，不能让孩子随意地延长时间。

为什么这样做 ◎

给孩子立规矩，如果不能保证前后、内外和家庭成员一致，朝令夕改，就会让孩子感到混乱，不明白规则的边界和适用场景究竟在哪里，从而无法建立起真正的规则意识。

同时，规矩的朝令夕改会使孩子难以形成稳定的自律性和责任感。孩子会认为规矩随时可能改变，进而在未来面对挑战时缺乏毅力，难以成为有责任感的人。

孩子需要一个稳定、有序的环境来成长。如果规矩经常改变，孩子就会感到无所适从，无法预测接下来会发生什么，这会破坏他们的安全感。缺乏安全感的孩子会变得焦虑、不安，甚至出现行为问题。

孩子把不想吃的食物扔进垃圾桶，你因时间紧张，想等以后再说

》 高手父母的做法

高手父母一旦发现孩子故意犯错，首先会及时制止和批评，询问孩子为什么把食物扔掉，是不爱吃还是吃不完。得到答案后，他们会明确爱惜粮食、不随便丢弃粮食的规矩，然后给予孩子简单的纠正和处罚。

其次，如果因白天时间紧迫，来不及给孩子惩罚，那么等晚上回家后，他们会及时创造条件，尽可能使孩子回到相似的情境中去，按照事先的约定给予孩子适当的惩罚。

最后，他们会耐心地与孩子沟通，让孩子知道错在哪里，并作出警告：如果再浪费粮食，还会受到相应的惩罚。

为什么这样做

心理学研究发现，惩罚的效果部分来自条件反射，而有条件刺激和无条件刺激之间的时间间隔越短，条件反射的效果越好。

如果惩罚不及时，孩子已经把错误抛诸脑后，或者已经没有悔过的心情，那么不但惩罚无效，还可能使孩子对父母产生不满，不再愿意遵守规矩。只有及时惩罚，孩子才能体验到破坏规矩的后果，改正自己的行为。

因此，父母一旦发现孩子破坏规矩，就应及时给予相应的惩罚，如果当时的情境不允许立即作出反应，事后则要及时创造条件，尽可能使孩子回到相似的情境中去，对孩子进行惩罚。

你规定孩子每天整理好书包，带好文具、水杯等，但没几天，他就忘了带水杯

高手父母的做法

高手父母也会担心孩子口渴，但他们不会给孩子送水杯，会让他渴一天，长长记性。等到晚上接孩子时，他们会问孩子："一整天没喝水，渴不渴？"

然后，会向孩子明确不遵守规矩的行为和后果："我们约定好每天早上整理书包，带好书本、水杯等用品，你忘了规矩，所以应该承担后果。如果明天你又忘记了，我也不会帮你送过去。"

接下来，他们会培养孩子列清单、提前整理书包的好习惯，引导和帮助孩子积极主动地遵守规定。

为什么这样做

针对孩子时常犯错、不遵守规矩的行为，法国教育家卢梭提出了一种非常有效的教育方法，叫自然后果惩罚法，即当孩子犯了错误或行为上出现过错时，父母不过多地批评，也不帮孩子弥补，而是让孩子承受这一行为造成的后果。比如，不按时起床，就承担迟到、被老师批评的后果。当孩子承受了后果之后，就会感受到痛苦的心理惩罚，从而产生自我悔恨的心理，进而自觉弥补过失，纠正错误。

因此，当孩子忘记规矩时，父母不妨采用自然后果惩罚法。当然，在规矩制定初期，父母要引导和帮助孩子养成良好的行为习惯，当孩子初次出现行为偏差时，要给予简单的提醒。

第 **6** 天

打造好性格，
让孩子成为更好的自己

◎ 孩子性格懦弱，如何引导他成为坚强勇敢的人？

◎ 孩子孤僻不合群，如何引导他变得性格开放？

◎ 孩子敏感胆小，如何引导他获得自信和勇气？

◎ 孩子执拗认死理，如何培养他灵活包容的性格？

◎ 孩子性格暴躁，如何引导他正确表达负面情绪？

孩子在外被别的孩子推倒，不敢正面应对，回来找父母撒气，还摔东西

》 高手父母的做法

高手父母首先会安抚孩子的情绪，制止他发脾气、摔东西的行为："我知道你很委屈，不过在外面受了欺负，回家发脾气是错误的。"

然后，询问事情的原委，引导孩子学会应对，合理对抗欺负："你忍气吞声，并不能让别人自责，反而会让对方肆无忌惮地欺负你。当别人欺负你时，你要大声喊：'你不要欺负我！''你再推我，我就告诉我妈妈！'"

接下来，鼓励孩子多分享他们在外面的经历和感受，让他们敢于面对问题，而不是回避问题。

最后，讲述一些自己的亲身经历，或者带着孩子阅读一些相应的绘本、故事书，激发孩子勇敢、坚强的心。

为什么这样做 ▶

孩子在外受了气，回到家向父母发脾气，通常说明孩子性格懦弱。性格懦弱的孩子会越来越缺乏自信、勇气，容易在生活中被人欺负，在人际关系中处于被动地位，容易被人利用和操纵，长大了难有出息。

因此，父母必须正确引导和教育孩子，帮孩子克服懦弱的缺点，让孩子变得坚强勇敢。坚强勇敢的孩子才有信心面对困难和挑战，有勇气对欺负自己的人说"不"，保护自己的权益。

孩子不合群，课余时间同学们一起聊天、玩游戏，他一点兴趣都没有

》 高手父母的做法

面对孩子的不合群，高手父母首先会采取一些肯定的评价："虽然你有些不合群，但我仍要表扬你，因为你能够做自己。"

然后，会营造良好的家庭氛围，多与孩子交流，多和孩子分享开心或不开心的事，引导孩子多与家人交流和分享。

最后，还会设法增强孩子的参与意识，避免孩子一个人沉迷于玩游戏、看电视等，鼓励孩子多陪同父母外出采购、走亲访友，还会积极和孩子参加一些集体性活动，减少孩子对不同人、不同情境的陌生感，增强孩子对人际交往的兴趣。

为什么这样做 ●

性格孤僻、不合群可能让孩子感到孤独、沮丧和焦虑，并影响他们的自尊心和自信心，导致孩子对自己的评价过于负面，还可能对他们的社交技能、心理健康、学习和职业发展造成长远影响。

父母要多肯定和鼓励孩子，积极引导孩子多与他人进行交流，多参加一些户外活动、社区活动、集体活动，这样才能让孩子变得性格开放，与周围的人合得来。

孩子的性格变得开放后，更容易获得自信、乐观等积极情绪，更愿意与他人分享快乐、分担困扰，更容易在学习和工作中与他人建立有效的合作关系，同时更具有学习力、创造力、适应力，能更好地应对生活中的挑战。

孩子胆小，从不主动回答问题，老师提问他，他也是低着头不敢大声回答

》 高手父母的做法

高手父母会积极地引导、鼓励孩子："你是很优秀的，回答老师的提问没必要紧张。""班里都是熟悉的同学，有什么可紧张的呢？"

班级举办活动，他们还会和孩子一起上台讲话或表演，或者鼓励孩子上台，自己以献花的形式跑上去给孩子加油鼓劲。

更深入的指导还包括帮助孩子循序渐进地面对害怕的事情。比如，先让孩子在家对着镜子练习表达，然后在小范围的亲友面前试讲，接着鼓励孩子主动在课堂上举手回答简单的问题，逐步提升难度。这样的逐步暴露训练能够帮助孩子慢慢适应并克服内心的胆怯。

同时，这些父母会特别关注孩子的情绪反应，在孩子表现出一点进步时及时给予表扬，让孩子对自己逐渐产生正面的认识，进而从内心变得更加自信和勇敢。

为什么这样做 ▸

孩子过于内向、敏感、胆小，往往会导致孩子自卑、懦弱、孤僻、没主见等。面对这种情况，父母要多对孩子进行肯定、鼓励和引导，让孩子获得自信和勇敢，从内到外有所改变和成长。

自信和勇气是孩子健康成长的两翼，拥有这样的性格特征，孩子更能正确地认识自我，客观看待自己的长处和短处，更容易充满信心地去面对困难，进而在未来获得成功。

孩子认死理，你明明告诉他某道题思路不对，他仍坚持自己的方法

》 高手父母的做法

高手父母首先会肯定孩子坚持自己思路的积极一面，同时给孩子试错的机会。

孩子计算错误后，他们不会嘲讽、指责孩子，而是与孩子一起分析问题，引导孩子用正确的思路来解题："这个思路行不通，我们是不是尝试寻找新的思路？比如……"

平时，他们还会有意识地引导孩子打开思路，灵活变通。比如，找一些类似司马光砸缸的经典故事，带着孩子一起思考，让孩子慢慢体会到很多事情并不是只有唯一的答案和解决方式。

为什么这样做

年龄小的孩子往往会表现出执拗、认死理的情况。从心理学的本质上看，这是孩子维持自身规则感和仪式感的过程出现了问题。

对此，如果父母不加以引导，让孩子从原有的思维模式中释放出来，等孩子年龄大了，就容易形成执拗、固执的性格，做什么事都不会变通，容易走入死胡同，同时不愿意听取他人的意见和建议，导致与他人产生矛盾和冲突。

孩子认死理、"一根筋"，其实是应变能力差的表现。父母只有积极正确地进行引导，才能让孩子的头脑灵活起来，进而培养孩子开放、灵活、包容的性格特质。

孩子玩游戏时不小心弄坏了玩具，当即大发脾气，把玩具摔得稀巴烂

》 高手父母的做法

  高手父母首先会引导孩子表达自己的感受："你现在很生气，想发脾气，对吗？"同时接纳孩子，安抚孩子的情绪。

  其次，教孩子一些情绪调节的技巧，引导孩子在情绪激动时冷静下来，避免冲动的行为。同时让孩子知道哪些行为是可以接受的，哪些行为是不可接受的："你可以生气，告诉爸爸妈妈你的感受，但不可以随意发脾气或摔东西！"

  再次，教育孩子理解他人的感受，培养孩子的同理心："你大发脾气，摔东西，让爸爸妈妈很伤心。"

  最后，耐心地与孩子沟通，引导孩子正确地处理事情："如果下次再遇到这样的事，你会如何去面对呢？"并鼓励孩子用绘画、写日记、唱歌等方式来释放情绪。

为什么这样做 ◗

  孩子性格暴躁、脾气大，是因为他们的语言表达能力不够，不懂得如何正确表达愤怒、不满等负面情绪；也可能是因为受到了父母的影响，父母脾气暴躁，孩子脾气暴躁的概率就会比同龄人高。

  不管是什么原因，父母都要积极正确地引导孩子去表达感受、调节情绪、正确地处理事情，这样才能让孩子变得越来越温和、有耐心，进而采取平和的方式解决问题。

第 **7** 天

塑造好品质，
点亮孩子的未来

◎ 孩子撒谎，如何塑造他诚实的品质？
◎ 孩子不想遵守约定，如何培养他守信的品质？
◎ 孩子出现不正当竞争的行为，如何塑造他正直的品质？
◎ 孩子对别人的过错耿耿于怀，如何培养他宽容的品质？
◎ 孩子伤害小动物，如何对他进行生命教育和爱心教育？

孩子放学后和同学到公园里玩，却撒谎说老师让他帮忙打扫卫生

≫ 高手父母的做法

    高手父母首先会明确地告诉孩子，说谎是错误的行为，会让孩子失去他人的信任。然后询问孩子为什么说谎，当孩子说出实情后，他们会给予孩子肯定："虽然你说谎了，但是能勇敢承认，对妈妈说出真话，这点做得非常好！"

    其次，认真与孩子沟通，了解孩子的内心需求，如果孩子的需求是合理的，他们会尽量满足孩子："你想放学后放松一下，和小伙伴在公园里玩一会儿，这很正常。只要你提前和爸爸妈妈说，我们会答应你的要求。"

    最后，告诉孩子撒谎的危险和诚实的重要性，引导孩子做一个诚实的孩子。比如，讲一些关于诚实品质的故事。

为什么这样做 ▸

    孩子说谎，父母如果不及时正确地引导，很容易让孩子养成习惯，慢慢丧失诚实的品质，很难建立良好的人际关系。

    父母只有心平气和地与孩子沟通，让孩子知道说谎是错误的，了解孩子说谎背后的真实想法和需求，才能让孩子认识错误并积极主动地改正错误。在此基础上，父母再给孩子灌输诚实的理念，引导孩子做错事要勇于承担后果，才能塑造孩子诚实的好品质。

    父母还要对孩子的诚实行为进行表扬，这样孩子会意识到诚实是受到重视和认可的，从而更愿意坚持这一好品质。

孩子跟伙伴约好去踢球，快到约定时间时，他却不想去，要看电视

》 高手父母的做法

高手父母首先会耐心询问孩子不愿赴约的原因，然后针对具体原因给予建议："你跟伙伴约好了，现在又突然不想去了，是什么原因呢？如果情有可原，你就及时通知同伴取消这次约定；如果理由不合情理，那就准时赴约。"

其次，告诉孩子守信的重要性："和伙伴约好了一起玩却不赴约，是不守信用的行为。你这样做，会让伙伴感到失望和伤心，甚至不愿意和你交朋友。"

再次，引导孩子正确作出承诺，承诺前要三思，没有把握的事就不要随便向人承诺或与人约定。

最后，当孩子遵守约定，按时去赴约时，及时给予孩子表扬，强化孩子遵守约定的意识。

为什么这样做 ◉

孩子可能对守信没什么概念，只是按照自己的心意决定做或不做什么事。父母必须及时给予孩子正确的引导和教育。在这个过程中，父母不要强迫孩子，而要明确告诉孩子什么是守信用以及守信用的重要性，引导孩子尽力遵守约定，对自己的行为负责；还要明确告诉孩子不守信用的后果，比如失去朋友、不被信任等，这样才能促使孩子成为一个守信用、有责任感的人。

孩子参加班长竞选，为了赢得更多 选票，在背后说竞争对手的坏话

》 高手父母的做法

高手父母首先会明确告诉孩子这样的行为是错误的，不但违背了正直的道德标准，还破坏了竞争的公平性。

其次，引导孩子建立正确的价值观和道德观念，告诉孩子竞争是成长的一部分，但竞争应建立在公平和相互尊重的基础上；每个人都应受到尊重，包括竞争对手。背后说坏话不仅会伤害他人，也会损害自己的形象。

再次，给予孩子肯定和支持："你很优秀，在组织管理方面有很强的优势。我相信你通过正当竞争也可以当选。"

最后，以身作则，让自己保持正直的品质，为孩子树立榜样。

为什么这样做 ●

孩子为了赢得更多选票，在背后说竞争对手的坏话，其实是不正直的体现。如果孩子的不正直行为得不到及时的引导和纠正，他们很可能会形成固定的行为模式。这种行为模式会随着孩子的成长而愈发严重，甚至导致孩子在未来走上违法犯罪的道路。

所谓"正则品端，直则人立"，当孩子出现一些不正直的行为时，父母要及时给予引导和纠正，促使孩子塑造正直的品质。

需要注意的是，正直的品行不是一朝一夕就能培养的，父母必须多关注孩子，保持耐心，不要操之过急。

同学不小心弄坏孩子的水杯，孩子不接受对方道歉，一直无法释怀

》 高手父母的做法

高手父母首先会询问孩子发生了什么事，对方有没有道歉，然后对孩子表示同情和安慰："我知道你很喜欢那个水杯，被弄坏了，你很伤心。不过，水杯坏了可以再买，何必因为它伤了同学间的和气呢？等周末妈妈再给你买一个。"

接下来，引导孩子进行换位思考："你想想，前些天你把同学的铅笔弄断了，对方是不是很快就原谅你了？"

最后，引导孩子学会宽容和原谅："既然同学已经向你道歉了，你就原谅他吧！为了一个杯子，失去一个朋友可不值得！"

为什么这样做 ○

孩子缺少宽容的品质，对别人的过错耿耿于怀，不仅会影响与同龄人的人际关系，还会让自己不快乐。父母要引导孩子学会宽容，以理解和原谅的心态来对待别人。这样不但能让孩子赢得周围人的欢迎，还有利于孩子成为一个有修养的人。

想塑造孩子宽容的品质，父母还要鼓励孩子与不同性格、年龄的人交往，让他们学会接纳和尊重他人的差异；引导孩子从他人的角度思考问题，理解他人的立场和感受；可以选择一些具有教育意义的绘本、故事书或动画片，与孩子一起阅读、观看，向孩子传达宽容、理解他人的价值观。

孩子喜欢伤害家里的宠物，时不时掐、摔、踢它们，还恶意戏弄流浪猫

》 高手父母的做法

　　高手父母首先会及时制止孩子伤害小动物的行为，然后询问孩子为什么这样做，还会对孩子说："小猫也知道疼，也知道伤心，也有就像你被人打一样的感觉。"同时也会告诉孩子，小动物是人类的好朋友，要善待小动物。

　　其次，为孩子创造接触和照顾小动物的机会，让孩子学会体贴入微地照顾弱小的生命；引导孩子参加一些公益活动，比如把零用钱捐给动物保护协会，参加救治受伤的流浪小动物等，激发其爱心。

　　最后，对孩子进行生命教育和爱心教育，让孩子学会珍惜生命、敬畏生命，爱护和善待身边的动物、家人、朋友。

为什么这样做 ◦

　　孩子小时候没有爱心，伤害虐待动物，长大后会更缺乏爱心，不懂得善待、敬畏生命。尤其是那些因心理压抑，利用伤害动物发泄情绪的孩子，更容易变成一个暴力者。

　　所以，当父母看到孩子伤害、虐待小动物时，必须加以引导和教育，把孩子拉回正常的轨道。但是要注意，不能打骂和过度苛责孩子，要与孩子进行深入沟通，了解孩子虐待动物的真实想法，是恶作剧，还是因为心理压抑要发泄情绪，然后对孩子进行生命教育和爱心教育。

第 **8** 天

培养好习惯，
让孩子受益终身

◎ 孩子不讲卫生，如何引导他养成良好的卫生习惯？

◎ 孩子贪睡，如何引导他保持良好的作息习惯？

◎ 孩子把房间弄得一团糟，怎样让他养成整洁有序的习惯？

◎ 孩子浪费食物，如何引导他养成节俭的习惯？

◎ 孩子做事拖拉，如何帮他养成及时、高效做事的习惯？

孩子不爱洗澡，玩完游戏一身汗，满身土，让他洗澡总是推三阻四

》 高手父母的做法

高手父母发现孩子不讲卫生的时候，会向孩子解释为什么要保持个人卫生："我们在外面玩一天，手上、身上会有很多污垢和细菌，会让我们生病。洗手、洗澡可以去除身上的污垢和细菌，让我们保持健康和舒适。"

其次，想办法把洗手、洗澡变成一件有趣的事，比如使用有趣的洗澡玩具、泡泡浴、彩色肥皂等。

再次，当孩子愿意洗手、洗澡，保持个人卫生的时候，他们会及时对孩子进行表扬。

最后，他们会持续关注孩子的个人卫生，在必要时引导孩子养成讲卫生的好习惯。

为什么这样做 ◑

如果孩子不讲卫生，不但对其身体健康有害，还容易影响其个人形象，不利于其社会交往。

因此，父母必须及时纠正孩子不讲卫生的行为，引导孩子讲卫生，促使其形成良好的卫生习惯。这样孩子才能拥有健康的体魄，变得更加阳光、自信，以良好的形象与他人交往。

更重要的是，讲卫生的好习惯代表了一种积极的生活态度。有了这种态度，孩子就能更好地面对生活中的困难和挑战，以积极的心态去迎接未来的生活。

孩子常常睡到 7 点半才起床，然后慌慌张张地去上学，早餐都来不及吃

》 高手父母的做法

　　高手父母首先会用轻柔的语气唤醒孩子："快 7 点了，爸爸和妈妈一起迎接新的一天吧！"接着向孩子耐心讲解规律作息与营养早餐的重要性："早起一些，我们就能一起享受美味的早餐，让你一整天都活力满满！"

　　其次，引导孩子制订一个贴心的早睡早起计划，并让孩子选一个自己喜欢的闹钟，帮孩子养成规律作息的好习惯，并提醒和监督孩子执行计划。比如晚上 9 点半左右提醒孩子洗漱睡觉，早上 6 点半左右提醒孩子起床，但是不催促、不唠叨。

　　最后，给孩子一些小奖励："早起并享用完早餐后，我们可以有个小惊喜，比如一起玩个游戏或读读你喜爱的故事书。"

为什么这样做 ◉

　　孩子贪睡是一种很常见的现象，如果父母以责备或强迫的方式干预，只会让孩子产生抵触情绪，影响孩子整天的心情与学习。通过温和的引导、适时的提醒与监督以及有效的奖励机制，不仅能帮孩子保持良好的作息习惯，还能在这一过程中增进亲子关系，让孩子在尊重与理解中学会自我管理与情绪调控。

　　当起床变得不再是一场战争，而是一次温馨的亲子互动时，在这样的氛围中，孩子自然能养成良好的生活习惯，并在爱与理解中茁壮成长。

孩子的房间总是乱糟糟的，衣服、课本胡乱堆放，玩具扔得满地都是

》 高手父母的做法

　　高手父母首先会告诉孩子保持房间整洁有序的重要性："保持房间整洁有序不仅方便我们找东西，还能让我们的心情更舒畅。"

　　接着，会耐心指导孩子如何整理房间："现在，我们来把玩具归位，这些玩具放进这个收纳盒更好……"在整理过程中，还会给孩子一些肯定和鼓励："看，你的书桌现在多整洁。你做得真棒！"

　　最后，为了激励孩子保持整洁的习惯，还会设立奖励机制："如果你能坚持每天整理房间，周末我们可以一起去你喜欢的公园玩。"

为什么这样做 ●

　　孩子把房间弄得凌乱不堪，如果父母只是简单地替孩子整理，不教会孩子如何整理房间的方式，不引导孩子养成保持房间整洁有序的好习惯，就无法从根源上解决问题。

　　只有让孩子深刻地理解整洁的意义，学会有序地管理个人物品，才能提升其自理能力。只有给予孩子具体的指导和鼓励，才能增强孩子的实践能力和自信心。当孩子亲眼看到自己的整理成果时，会油然而生一种成就感，从而更珍视和维持整洁的环境。当孩子获得奖励时，能进一步激发他们的内驱力，从而更主动地维护房间的整洁。这种亲子互动方式还能在无形中培养孩子的自我管理和生活规划能力，对孩子的全面成长至关重要。

你带孩子去吃饭，孩子自作主张点了两个套餐，但每个套餐只吃了一半

》 高手父母的做法

高手父母首先会以平和的语气询问孩子："你为什么点这么多东西？下次我们可以先点一些，不够再添，你觉得怎样？"

接着，会明确告诉孩子浪费不对，应养成节俭的好习惯："浪费食物不仅浪费爸爸妈妈的钱，还是不道德的。要知道，现在还有很多小朋友吃不饱饭……"同时给孩子看一些贫困地区孩子吃不到丰盛食物的图片、视频。

然后，激励孩子作出审慎选择："你有权选择自己喜欢的食物，但不能贪多，更不能浪费，要珍惜每一口食物。"

最后，通过切身行动来展示节俭的好习惯："来，我们把剩下的食物打包带走吧。"

为什么这样做 ●

孩子往往缺乏对节俭的直观认识。如果父母通过斥责或强迫的方式来处理孩子的浪费问题，即便能暂时见效，也难以让孩子领会节俭的内在价值。

通过温和的询问与解释，孩子不仅能更深刻地理解节俭的必要性，还能学会在点餐和用餐时如何把握食物的数量；激励孩子审慎作出选择，并通过实际行动来体现节俭的意义，可以让孩子在亲身体验中感受到节俭的益处，这不仅能强化他们的责任感，还能促使他们在生活中更加珍视每一份资源。

周五放学后，你让孩子先写作业，孩子却从周五拖到周六，周六拖到周日

》 高手父母的做法

高手父母首先会强调写作业拖拉的害处和及时完成作业的重要性："你拖着作业不写，心里总想着它，玩也玩不痛快。完成作业再去玩，就可以有更多的自由时间去做自己喜欢的事。"

然后，他们会设定奖励制度，孩子及时完成作业后，给予孩子一些额外的娱乐时间、零食或小奖品。

最后，他们会教孩子合理安排和管理时间。比如，做好周末两天的时间安排，周五晚上写 1 个小时作业，周六日上午写 1 个小时作业，保证周日上午 10 点前写完所有作业；制定优先级，并在规定时间内完成任务；使用一些时间管理工具，比如番茄工作法，更高效地完成作业。

为什么这样做 ○

拖拉的习惯对孩子是非常有害的。写作业时习惯拖拉，做事时也会习惯拖拉。如果长期如此，这种坏习惯就会根深蒂固，长大后就会逐渐演变成拖延症，给学习、生活、工作带来非常大的负面影响。

孩子写作业拖拉，催促、责骂不但不会有明显的效果，反而会让孩子更加拖拉。被催急了和骂烦了，孩子还会产生逆反心理。正确的做法是让孩子知道拖拉的害处，帮孩子改正坏习惯，同时让孩子学会安排和管理时间，养成及时、高效做事的好习惯。

第 **9** 天

适度放手，
孩子才能学会独立

◎ 如何通过家务劳动培养孩子的自理能力？

◎ 孩子想自己去玩，拴住他还是尝试放手？

◎ 如何引导孩子制订假期计划、自主安排假期时间？

◎ 孩子遇到难题时，怎样引导他独立思考？

◎ 孩子买东西钱不够时，怎样引导他独立解决？

孩子几岁时，可以让他自己整理衣物、收拾玩具，做一些力所能及的家务

≫ 高手父母的做法

高手父母首先会根据孩子的年龄特点，选择适合他们的任务："你已经 4 岁了，可以自己收拾玩具了。"然后给予具体的指导，示范如何整理和收拾："我们一起来，把玩具分类放进收纳箱。"

随着年龄的增长，他们会逐步增加孩子的责任范围："现在你6 岁了，可以整理自己的衣物了，我们一起把衣服叠好放进衣柜里。""吃饭了，你试着把碗筷摆好吧。"

当孩子积极主动去做自己力所能及的事情，并做得很好时，他们会及时给予孩子认可和鼓励："你做得很棒，衣服叠得很整齐，继续加油！"

最后，他们会制定一个家庭任务表，给孩子分配一些适当的家务，让孩子选择自己喜欢的任务来完成。

为什么这样做 ▶

让孩子从小参与家务，是培养孩子自理能力、独立性和责任感的重要途径。父母根据孩子的年龄特点选择适合他们的任务，耐心教孩子整理衣物、收拾玩具和做一些力所能及的家务，不仅能增强孩子的动手能力，还能让孩子在实践中学会独立。适当的认可和鼓励可以增强孩子的自信心和动力，让他们更愿意参与家务。制定家庭任务表，给孩子分配适当的家务，可以增加家庭成员之间的合作与互动，让孩子学会团队合作与责任分担。

孩子想去荡秋千，是不让他离开自己的视线，还是放手让他去，然后悄悄保护

》 高手父母的做法

高手父母首先会尊重孩子的意愿，给予孩子适度的自由，鼓励孩子独立去尝试："你可以去荡秋千，妈妈会在这里看着你。"

然后，给予孩子一些安全提示："记住要和小朋友轮流玩，不要推挤，不要争抢。妈妈会在这里等你，有事可以随时来找我。"

接着，让孩子自由行动，同时悄悄地观察和保护孩子，看孩子是否会做一些危险动作，是否会与小朋友发生冲突，是否会遇到陌生人的搭讪或大朋友的欺负。

在孩子玩耍结束后给予肯定和鼓励："你自己去荡秋千，玩得很好，下次可以试着做更多的事情。"

为什么这样做

给予适度的自由和信任，是培养孩子独立性和自信心的重要途径。父母不能把孩子拴在自己身边，而要尝试着放手，慢慢让孩子独立地去玩耍、做事。这样孩子才能在实际行动中学会如何处理社交和安全问题，学会如何与他人友好相处。

但是，放手不等于撒手不管。父母要时刻关注孩子，在孩子需要帮助时及时介入，并给予基本的安全提示，帮孩子在独立行动中学会保护自己。只有这样，孩子才能感受到被信任和支持，从而增强自信心，更愿意尝试新事物，并在此过程中学会如何应对挑战。

学校要求孩子制订暑假计划，合理安排作息时间，这是父母的事，还是孩子的事

》 高手父母的做法

高手父母首先会让孩子明白制订计划的重要性："暑假的时间比较长，可以用来做自己喜欢的事，同时也要兼顾学习和休息。"

然后，询问孩子的想法，鼓励孩子制订计划："你有什么想法？我们可以一起讨论，看看怎么安排更好。"

接着，给予孩子一些建议，但不把自己的想法强加给孩子："你可以考虑每天安排一些学习时间，然后留出时间做你喜欢的事情。"

最后，鼓励孩子坚持自己的计划，并引导孩子发现计划的不合理之处，及时进行调整："你做得很好，执行了自己的计划。通过这段时间的执行，你觉得你的计划合理吗？有没有需要调整的地方？"

为什么这样做 ▶

暑假时间应该由孩子自己来做主。虽然父母希望孩子能兼顾学习、休闲、运动等方面，但是不能代替孩子来制订计划。

父母首先要让孩子理解制订计划的重要性，然后在尊重孩子的前提下，引导他们学会制订计划，自主安排假期时间。这样不但能提升孩子的时间管理能力，让他们形成良好的自我管理习惯，还能增强他们的自主性和责任感。

孩子做作业遇到难题，你是直接给出答案，还是引导他进行思考

》 高手父母的做法

高手父母首先会询问孩子有哪些地方不明白，思路是什么。比如："这道题有点难，对吧？你已经试着做了吗？你是怎么想的？"然后引导孩子一步步思考："我们一起来看看题目，先理解题意，然后再一步步来解决。"

接着，给孩子提供适当的提示，引导孩子找出解题的关键："你想想这道题的关键是什么……对！这里是关键……那么，下一步该怎么做？"

最后，让孩子自己解决难题，并进行总结："你成功解出这道题了，现在能不能告诉我你的解题思路？"

为什么这样做 ●

独立思考对孩子来说至关重要。孩子遇到难题，父母直接告知答案，容易让孩子产生依赖性，不愿意再动脑思考，有问题就找父母或老师。这对孩子的学习是非常不利的。时间长了，孩子会失去独立思考的能力，思维越来越懒惰，失去好奇心、探索欲以及挑战欲。

父母一定要注重培养孩子独立思考的能力。当孩子遇到难题时，积极引导孩子一步步思考问题，让孩子在探索中找到解决问题的方法。当孩子成功地解决了问题，就会极大地提升自己的自信心和成就感，从而更愿意独立思考和解决问题。

孩子想买一个玩具，可是零花钱不够，向你求助

》 高手父母的做法

高手父母首先会表达对孩子的理解，并询问孩子的想法："你很喜欢这个玩具，对吧？那你觉得该怎么办呢？"同时引导孩子思考解决方案："你可以试着和老板讲价，看看能不能说服老板。"

然后，向孩子提供一些建议和技巧："你可以告诉老板这是你攒了很久的零花钱，希望他能给你一点优惠。"同时给予孩子鼓励和肯定："你很勇敢，试着自己解决问题，不管结果如何，你都很棒！"

最后，不管结果成功与否，他们都会与孩子一起总结经验："你觉得这次讲价为什么成功/失败？有什么地方可以改进？"

为什么这样做 ○

在孩子未来的学习和生活中，独立面对和解决问题的能力至关重要。如果父母直接帮忙讲价或补足差价，虽然能暂时解决问题，但并不能真正教会孩子如何独立处理问题。孩子缺乏独立解决问题的能力，在面对困难和挑战时，容易感到无助和沮丧，更容易失去信心和勇气，陷入一个负面循环：没有信心—自我怀疑—畏惧尝试和挑战—没有成就感—更自我怀疑。

因此，父母必须通过有效的方式方法让孩子参与到问题的解决中，增强孩子的独立性、责任感和独立解决问题的能力，让孩子体会解决问题的成就感。

第10天

培养逆商，
帮孩子在逆境中崛起

◎ 孩子考试输不起，如何引导他正确看待失败？

◎ 孩子"玻璃心"，如何引导他建立强大的内心？

◎ 孩子遇到挫折就想放弃，如何培养他的毅力？

◎ 孩子娇生惯养，如何提升他的适应能力？

◎ 孩子压力太大，如何提升他的抗压能力？

孩子成绩一直名列前茅，这次考试只考了第九名，大哭后开始一蹶不振

>> 高手父母的做法

高手父母首先会对孩子表示理解，安抚孩子的情绪："我知道你这次没考好，感到很难过，爸爸妈妈理解你的感受。"然后引导孩子正确看待这次考试："每个人都有考不好的时候，这并不代表你不优秀，只是这次没发挥好。"

接着，会跟孩子一起分析原因："我们一起来看看这次考试哪里出了问题，有没有什么地方是可以改进的。"同时鼓励孩子不要放弃："每一次失败都是一个学习的机会，只要我们找出问题并改进，下次一定会更好。"

最后，会帮助孩子重新制订学习计划，并设定小目标："我们可以重新制订一个学习计划，设定一些小目标，一步一步来。"

为什么这样做 ▶

孩子输不起的原因有很多，可能是没经历过失败和挫折，导致承受能力比较低，也可能是父母的要求过高，导致孩子惧怕失败，还有可能是心理比较脆弱。不管是什么原因，父母都要对孩子表示理解和同情，让孩子感受到关爱和支持，这样才能让孩子情绪稳定，更愿意面对和解决问题。

同时，父母还要引导孩子正确看待失败，并从失败中吸取教训、总结经验，找到改进的方法，这有利于孩子建立积极的心态，提升抗挫折能力，让孩子在面对挑战时更加从容和自信。

孩子玻璃心，做了错事，刚一批评他，就开始哭哭啼啼

≫ 高手父母的做法

高手父母首先会接纳孩子的负面情绪："我知道你现在很难过，因为被批评了感到委屈。"同时给予孩子适当的安抚，比如为他擦干眼泪。

等孩子情绪稳定后，他们会选择温和的方式引导孩子思考自己的行为："我们一起想想，刚刚这件事到底要怎么处理，好不好？""你觉得哪里出了问题？我们可以一起找出原因。"

然后，给予孩子一些建议和鼓励，告诉他们要做出一些改变和努力："遇到问题不要哭，哭不能解决任何问题。你要学会坚强，学会处理一些问题。"

最后，帮孩子建立信心："爸爸妈妈相信你，下次你一定会做得更好。我们一起努力，好吗？"

为什么这样做

当孩子出现玻璃心时，父母应给予孩子科学和正确的引导，接纳孩子的情绪，并让孩子感受到关爱和支持，减轻他们的委屈和压力，同时给予孩子鼓励，让孩子学会坚强和勇敢，让内心变得更强大。

当孩子战胜玻璃心，建立起强大的内心时，就能更好地应对生活中的挫折和困难，更勇敢地追求自己的梦想和目标，也更容易形成积极的人生观和价值观，与这个世界和谐相处。

暑假带孩子去学游泳，孩子学了两节课后感觉很难，说什么也不学了

≫ 高手父母的做法

高手父母会耐心与孩子进行沟通，帮孩子克服挫折，学会坚持。

首先，他们会询问孩子原因："为什么不想继续学下去？是动作太难？还是怕水？"得到答案后，他们会对孩子表示理解："游泳是挺难学的，我当初也学了很久。""怕水很正常。刚开始学游泳，人人都怕水。"

然后，与孩子一起回顾学习过程，引导孩子发现问题或感受小成就："这两节课你学到了什么？有什么进步？"

接着，给予孩子鼓励，引导孩子继续学下去："学习新东西需要时间，不如我们先把一个简单的动作练熟，然后再学习新动作。我会在旁边陪着你，一起加油。"

最后，分享自己的经验，对孩子表示信任和支持："我小时候学游泳学了好久，最后还是学会了。只要你坚持，也一定能成功。"

为什么这样做 ●

孩子在尝试新事物时，因为遇到挫折或难题而心生放弃的念头，是非常正常的。这时候，父母的理解、关爱与支持是孩子继续坚持的动力。而回顾学习的过程，不但可以帮孩子发现问题、解决问题，还可以帮孩子看到自己的进步，有助于培养他们的毅力和耐心，让他们在面对困难时更有信心、更加坚韧。

孩子参加学校组织的户外训练，老师反映他嫌累嫌脏，一直嚷嚷着要回家

》 高手父母的做法

高手父母会在第一时间表达对孩子的理解："我知道你觉得这次训练很累、很脏，饭菜也不合胃口。"

然后，给予孩子支持和鼓励，引导孩子以积极的心态看待挑战："你找到什么乐趣了吗？教练有没有教一些意外探险的秘诀？"

接着，提供一些实用的建议："可以和同学打比赛，看谁先掌握教练教的技能……"同时明确地告诉孩子："这是一个很好的机会，可以锻炼你的耐力和适应能力，坚持下去，你会发现自己可以做到。"

最后，定期与孩子保持沟通，了解孩子的情感状态和需求，鼓励孩子表达自己的感受和困惑，并给予积极正面的反馈和建议。

为什么这样做

现在的孩子大多娇生惯养，几乎没吃过什么苦，更没受过什么累。这样的孩子长大后，很难适应艰苦的环境和面对各种挑战。

父母不一定非要对孩子进行吃苦教育，但是当孩子因为娇气而很难适应艰苦环境时，必须给予及时的引导和教育，通过关爱、支持和鼓励，减轻孩子的不适和压力，让他们更愿意面对和解决问题，同时要让他们明白，这些苦和累既是挑战，也是成长和学习的机会，有利于提升自己的抗挫能力和自信心。

孩子参加口才比赛，越临近比赛越紧张，比赛前一晚甚至想退赛

≫ 高手父母的做法

高手父母首先会安抚孩子的情绪："你现在很紧张，这很正常。每个人在大赛前都会有这样的感觉。"然后正确引导孩子："这只是一个展示自己的机会。不论结果如何，你的努力都是值得的。"同时告诉孩子："别总想着比赛，先做好手头的事情。"

接着，给予孩子鼓励和支持："你已经很棒了，不管结果如何，爸爸妈妈都为你感到骄傲。"

最后，引导和帮助孩子找到放松的方法，比如听听轻音乐、散散步等。上台前，让孩子找个舒服的地方坐下来，放松身体，伸展一下四肢，然后大口地深呼吸几次。

为什么这样做 ⊙

孩子也会因种种问题而产生压力，但由于年龄小，不懂如何面对和释放压力，抗压能力往往会比大人差很多，甚至可能情绪崩溃，出现敏感、自卑、偏激等心理问题。

面对这种情况，父母不能采用简单的安慰、严厉的要求或责备来处理问题，这不但无法帮孩子缓解压力，反而会起到反作用。给予孩子理解和同情，帮他们建立积极的心态，同时教他们一些缓解压力的有效方法，才能教会他们如何正确处理压力，并提升他们的抗压能力。孩子的抗压能力增强了，才能在学习和生活中不畏挫折和困难，积极将负面情绪转化为正面情绪。

第 **11** 天

专注力训练，
让孩子集中注意力

◎ 孩子注意力不集中，如何帮他提升专注力？

◎ 当孩子聚精会神地做一件事时，该不该打断他？

◎ 如何让孩子改掉边看电视边做其他事的习惯？

◎ 如何帮孩子养成主动选择安静环境的习惯？

◎ 孩子上课总走神，如何帮他更好地集中注意力？

孩子写作业时注意力不集中，一会儿抠橡皮，一会儿玩铅笔

》 高手父母的做法

高手父母会积极引导和帮助孩子提高专注力。

首先，他们会明确地告诉孩子："写作业时必须集中注意力，不能搞小动作，不能左顾右盼。"

然后，与孩子一起制订提升专注力的计划，比如设定一个时间段，先专心写 20 分钟，然后休息 5 分钟；先写最难的部分，再写简单的部分。

接着，给予孩子及时的鼓励，即便孩子只专注了 5 分钟，也要夸奖："你很棒！5 分钟内你都在认真写作业，比昨天进步了很多。"

最后，适当陪伴孩子，起到监督作用，但是不打扰，不施压。

为什么这样做 ○

对于孩子来说，专注力是非常重要的。如果孩子专注力不够，很可能导致任务完成不好，考试成绩差，自信心遭受打击，形成自卑心理；无论学什么做什么，很难保证从一而终；容易情绪不稳定，缺乏自控力，进而影响人际关系。

专注力是孩子必须具备的能力，它牵扯的不仅是学习，还有未来的工作、生活。因此，当孩子注意力不集中，不能专注地写作业或做其他事情时，父母必须给予足够的重视，通过引导、鼓励等合理的方式帮助孩子改掉不良行为、提升专注力，同时为孩子提供良好的家庭环境和氛围。

吃饭时间到了，孩子正在聚精会神地玩游戏，叫他还是不叫他

》 高手父母的做法

高手父母能看到孩子专注做一件事的重要性，所以会积极主动地保护孩子的专注力。

首先，他们会为孩子准备一个专门的房间，让孩子能安心、专心地学习和玩耍。当孩子聚精会神地玩游戏时，他们不会打扰他。等他玩完游戏后，再叫他吃饭，或者等孩子玩游戏告一段落，没那么专注时，再选择温和的方式提醒："时间到了，我们要吃饭了，你可以暂停一下游戏吗？"

如果孩子在吃饭前 10 分钟要玩游戏，他们往往会提前告知："离吃饭还有 10 分钟，等吃完饭再玩好吗？不然你会很饿的。"

为什么这样做 ●

很多时候，孩子的专注力不够，是父母不恰当地打扰导致的。当孩子聚精会神地学习或玩游戏时，父母时不时地叫他吃东西或帮自己做事，他的专注力就会被破坏。久而久之，孩子就没办法进入精神集中的状态，很容易变得焦虑和不安。孩子的专注力一旦被破坏，就很难再培养了。

所以，当孩子聚精会神地做一件事时，不管是学习、玩游戏还是思考什么事，父母都不要轻易打扰。只有保护好孩子的专注力，才能培养孩子的学习力、深度思考力和记忆力，提升孩子的自信、恒心和毅力，让孩子养成稳定的心理素质。

孩子是个电视迷，每天都是边吃饭边看电视，就连写作业也不肯关掉电视

≫ 高手父母的做法

　　高手父母首先会心平气和地跟孩子沟通："你觉得一边看电视一边写作业，作业会不会做得更慢？不如试一试，不看电视写作业需要多久，看看哪个更快。"

　　接着，他们会给出选择："如果你专心完成作业，等作业完成后，我们可以一起看你喜欢的节目。"让孩子看到专注带来的好处，他们就能慢慢养成专注的习惯，也会更科学地管理自己的时间。

　　最后，鼓励孩子反思自己的表现："你觉得这样做作业是不是比之前快了？所以要先集中精力，把该做的事先做好，再去享受放松的时光。"

为什么这样做 ▶

　　分心会导致孩子对主要任务投入度不足，影响学习的效率和质量。同时，长期一边看电视一边做其他事情，还可能让孩子形成做事拖延的习惯。

　　让孩子亲身体会到专注的好处——不仅能提高学习效率，还能让他们在完成任务后更轻松地享受娱乐，这种方式能让孩子更愿意接受父母的建议，养成良好的学习和生活习惯。

　　通过设置合理的奖励机制，让孩子意识到先专心完成任务，再适当放松是一种更好的方式，这不仅能提升孩子的专注力，还有助于孩子未来在复杂的任务中学会有效管理时间、分配精力。

你在客厅看电视，让孩子到自己房间写作业，但孩子偏偏要在客厅写

》 高手父母的做法

高手父母首先会弄清楚孩子非要在客厅写作业的原因："你为什么想在客厅写作业？是不是觉得一个人在房间里有些孤单？"

接着，引导孩子思考："你觉得在客厅写作业，电视的声音会不会让你分心？如果回到安静的房间，是不是效率更高？"

如果孩子还是犹豫不决，他们会给出一个折中方案："你可以先回房间写半小时的作业，然后再来客厅和我们一起看电视，怎么样？"

为什么这样做 ◦

环境对孩子的专注力有着重要影响。在嘈杂的客厅，电视声、谈话声会不断干扰孩子的注意力，导致孩子学习效率低下。而在安静的房间里，孩子更容易集中注意力，高效完成作业。

高手父母通过提问和实验的方式，让孩子思考嘈杂环境对学习的影响，并亲自体验安静环境带来的专注感，同时给予孩子选择的灵活性，可以减少孩子的抗拒心理，让他们更愿意尝试在适合的环境中学习。这不仅有助于孩子提升学习效率，还能帮他们养成主动选择安静环境的习惯。

此外，通过亲子间的对话，还可以培养孩子的自主意识和自我反思能力，这对孩子未来面对学习和生活中的干扰因素大有裨益。

老师说孩子有多动症，上课不认真听讲，小动作不断，还总是走神

>> 高手父母的做法

高手父母首先会跟孩子沟通："听说你上课时有点小动作，还会走神，能不能告诉我，有什么让你分心的事情？"

接着，帮孩子分析问题："你是觉得课程太难了，还是不感兴趣？是听不懂老师讲的内容，还是跟不上老师的节奏？"

然后，有针对性地与孩子一起制订改善计划："咱们可以设定一个小目标，比如上课时，每节课先专心听讲 10 分钟。"等孩子做到后，再逐渐延长时间。同时还会教孩子一些提升专注力的小技巧，比如课前深呼吸，课堂中间适当调整坐姿，帮孩子缓解多动的冲动。

最后，积极与老师沟通，寻求更多的帮助，或建议让孩子坐在前排，减少干扰因素。

为什么这样做 ●

孩子上课不专心，很可能是注意力不集中或学习兴趣不足造成的。父母只有通过跟孩子沟通，找到孩子上课分心的原因，才能对症下药，针对孩子的问题进行有效改进。同时，父母还要跟孩子分享一些提高专注力的技巧，并积极与老师合作，帮孩子调整座位、减少干扰，这不仅能帮孩子在课堂上更好地集中注意力，还能让孩子学会自我管理和控制，从而更好地应对未来学习和生活中的挑战。

第 **12** 天

提高孩子的学习能力，
助力启智赋能

◎ 孩子学习兴趣不高，如何培养他对学习的热情？

◎ 孩子出现厌学情绪，如何激发他学习的内在动力？

◎ 孩子不复习也不预习，如何让他养成良好的学习习惯？

◎ 孩子很少主动问问题，如何培养他主动提问的习惯？

◎ 孩子记忆力差，如何帮他养成良好的记忆习惯？

孩子的学习兴趣不高，一提学习就垂头丧气，一做作业就拖拉、敷衍

》 高手父母的做法

高手父母首先会了解孩子对学习的态度："你为什么对学习没兴趣呢？是觉得内容太枯燥，还是觉得太难了？"

接着，与孩子一起寻找学习的乐趣："有没有你喜欢的内容？比如语文里的故事、历史上的著名人物。"

然后，鼓励孩子制定短期小目标："我们可以每天花半小时，专心完成一件有趣的学习任务。比如今天试试解一道有挑战的数学题。"

最后，通过一些实际体验来激发孩子的学习兴趣："你试试把今天新学的课文讲给我们听，看我们能否理解？"同时会给孩子创造一个轻松愉悦的学习环境，营造专注的氛围。

为什么这样做 ●

兴趣是孩子保持学习动力的核心。父母通过沟通找到孩子在学习中的兴趣点，帮他们看到学习中有趣的一面，能逐步培养他们对学习的好奇心和热情。

通过设定小目标和实际体验，让孩子在学习中逐渐体验到成就感，让孩子在短期目标的完成中获得正面反馈，从而逐步提升他们的自信心。

通过创造轻松愉悦的学习环境，不但能帮孩子减少学习中的压力和焦虑，还能让孩子体会到学习过程中的成就感和快乐。当孩子发现学习并不是一件苦差事时，自然更愿意投入其中。

孩子出现厌学情绪，找借口不去上学，还时常说"上学没什么用"

>> 高手父母的做法

高手父母首先会耐心询问孩子厌学的原因："你最近好像不太想去上学，能跟我说说为什么吗？"

然后，与孩子一起探讨学习的意义："上学的确很辛苦，但除了成绩之外，你还可以从中得到其他很多快乐，比如学到新的技能、交到好朋友。是不是？"

其次，结合孩子的兴趣，帮孩子重新激发学习的动力："你说你喜欢飞机，将来想当飞机驾驶员，要实现这个理想，是不是需要具备良好的数学和物理基础？"

最后，引导孩子通过实际体验，亲身感受所学的知识是如何在生活中应用的。

为什么这样做 ●

孩子出现厌学情绪，通常是因为他们对学习的意义产生了疑问，或者在学习过程中遇到了困难。这时候，父母必须与孩子沟通，了解他们厌学的原因，帮他们重新认识学习的价值。还要结合孩子感兴趣的领域，让孩子看到学习与兴趣之间的联系，从而激发他们学习的内在动力。

同时，还要通过实际体验的方式，让孩子感受到学习的意义和价值，让孩子在学习中找到乐趣和成就感，激发他们长期的学习动力和自我驱动力。

孩子写作业时，不复习也不预习，拿起笔就写，遇到不会的就翻书、看答案

≫ 高手父母的做法

高手父母首先会和孩子沟通，提醒他们这样做的害处："我发现你不复习就开始写作业，这样可能会花费更多时间。"

接着，帮孩子意识到复习或预习的好处："你知道吗？复习可以让你更好地记住学过的知识，把知识理解得更透彻。这样做作业时，效率更高，质量更好。"

然后，根据实际情况，与孩子一起制订合理的学习计划，比如先花 10 分钟复习当天学的内容，再完成作业；查漏补缺，巩固学习成果；花 10 分钟预习明天的课程。

最后，会监督孩子把计划执行下去。如果有不合理的地方，再进行调整。

为什么这样做

孩子不复习、不预习，通常是因为他们没意识到这些步骤的重要性，或者不知道该如何有效地安排学习。

父母通过与孩子沟通，帮他们理解预习和复习的意义，不但能引导孩子高效完成作业，还能促使孩子学会如何合理安排时间。

通过沟通和实践，让孩子感受到复习和预习带来的正面效果，不但可以让孩子逐渐养成良好的学习习惯，还可以让孩子在学习中找到更多的自信和成就感，从而提升孩子整体的学习能力和自我管理能力。

孩子在学校很少主动问老师问题，遇到不懂的题就直接跳过

》 高手父母的做法

高手父母首先会了解孩子不问问题的原因："为什么有问题不问老师？是不敢，还是不好意思？是怕同学笑话，还是怕老师批评？"

接着告诉孩子："有问题就要大胆提问，不用害怕和不好意思！"并引导孩子设定小目标，比如一天问一个问题。同时帮孩子分析提问的重要性："有问题不及时解决，问题会越积越多。每次问老师一个问题，其实就是帮自己前进一步。你越敢主动问问题，越能找到解决问题的思路。"

最后，与孩子分享自己的学习经验，鼓励孩子逐步建立自信。

为什么这样做 ○

孩子不敢主动问老师问题，可能是害怕被人笑话、不自信，或者觉得问题过于简单，不好意思开口。父母要通过引导孩子，帮他们了解提问的重要性，并鼓励孩子把提问看作学习进步的关键步骤。这样不但能帮孩子逐步建立自信，还能让他们意识到提问是发现问题、解决问题的最佳途径，是培养良好学习习惯的一部分。

同时，父母还可以通过设定小目标的方式，帮孩子积累提问的经验和自信。随着经验的增加和自信的提升，提问会成为孩子自主学习的一部分。久而久之，孩子就能逐渐养成遇到问题积极解决的习惯。

孩子记性差，背一篇课文需要很长时间，背得还不熟练，磕磕巴巴

》 高手父母的做法

高手父母首先会对孩子表示理解，引导孩子思考是不是记忆方式有问题："背课文确实不容易，我看到你已经很努力了。你总是背不下来，是不是记忆方式不对？"

接着，向孩子提供一些记忆的技巧："背诵不仅是重复，有很多方法可以让你更快地记住。比如你可以先把课文分段，每段只背几句，然后再连起来；还可以把重点内容想象成一个故事，或者给每句话配上一幅画面，记住了画面，就记住了相关的内容；还可以边读边写，写下来再看一遍，或者大声读出来……"

最后，多给孩子积极的反馈和鼓励："我们慢慢来，不用一次背完，分几次完成也没问题。""不错，这次比上次好多了。"

为什么这样做 ●

孩子记忆力差，可能是因为他们没有掌握合适的记忆技巧。父母应避免让孩子死记硬背，而是帮助孩子掌握科学有效的记忆方式，提高孩子的记忆能力，促使孩子养成良好的记忆习惯。能力提高了，好习惯养成了，孩子在未来的学习中就能更加得心应手。

当然，必要的积极反馈和鼓励也是非常重要的，这可以大大提升孩子的自信心，激发孩子更多的学习动力和激情，让孩子愿意做出更大的努力。

第**13**天

培养个性特长，
让孩子多元发展

◎ 孩子不爱读书，如何培养他对阅读的兴趣？

◎ 孩子表达能力差，怎样提升他的语言组织能力？

◎ 孩子对运动产生抵触，如何帮他培养运动习惯？

◎ 怎样帮孩子在学习之余发展个人兴趣或特长？

◎ 假期到了，如何帮孩子在学习和旅行间找到平衡？

你让孩子每天阅读 20 分钟，结果他读了没两分钟，就把书丢在了一边

》 高手父母的做法

高手父母首先会询问孩子的感受："这本书哪些地方让你觉得无聊？""你喜欢哪种类型的书？"接着会让孩子选择自己喜欢的书："我们可以去书店挑几本你喜欢的书。"

然后，通过建立阅读的仪式感来提升孩子的阅读兴趣："我们设定一个特别的阅读时间，比如晚上睡觉前或周末的一个固定时间，一起安静地读书。"

最后，在固定的时间与孩子一起阅读，读完后分享各自最喜欢的部分，同时进行比赛，谁赢了就给谁一些小奖励。

为什么这样做 ○

父母尊重孩子的兴趣，让孩子参与选书，能避免孩子觉得阅读枯燥无味。父母与孩子共同阅读、讨论情节或进行角色扮演，能让孩子在互动中体验阅读的乐趣。

建立阅读的仪式感和给予孩子小奖励，能让阅读成为一种愉悦的体验，而不是一项必须完成的任务。这种正面引导方式不仅能让孩子逐渐爱上阅读，还能帮他们养成每天阅读的好习惯，从而对知识产生兴趣。

当孩子不再把阅读当作任务去完成，而是把它视为一项有趣的活动，便可以爱上阅读。这种热爱也将对孩子的终身学习产生巨大的积极影响。

孩子表达能力差，说话没有逻辑，半天说不到重点，表述颠三倒四

》 高手父母的做法

高手父母首先会对孩子表示理解："我知道你有很多话想说，但一时有点乱，对吗？"接着会引导孩子梳理表达："没关系，我们慢慢来。你可以先告诉我，你最想让我们知道的是什么？然后一步步讲。"

其次，帮孩子构建说话的逻辑，引导孩子有条理地讲话："你可以按时间顺序来讲，或者把事情分成几步来讲。比如先说事情的起因，再说过程，最后说结果。"

最后，引导孩子进行实战练习，逐渐提升孩子的表达能力："我们可以玩一个讲故事的游戏，看看能不能讲清楚起因、经过和结果。"

当孩子紧张时，他们会给予安慰，教他们一些缓解紧张的方法："慢慢来，你现在深呼吸几次，或默念1、2、3、4……"

为什么这样做 ●

孩子表达能力差，可能是因为他们在组织语言时还不够熟练，尤其是在紧张时，很容易逻辑混乱。这时候，父母应该帮孩子缓解紧张情绪，给他们足够的时间和空间来表达自己，同时引导孩子按照顺序和逻辑来说话，逐步提升他们的语言组织能力。比如采用讲故事的游戏，能让孩子在轻松的氛围中学会有条理地表达，并在表达过程中逐渐增强逻辑思维和自信心。

孩子不爱运动，经常抱怨："跑步太累了，我不想上体育课了。"

》 高手父母的做法

高手父母首先会表示理解孩子的感受："跑步确实很累，有时候我也很难坚持，但运动是我们生活中的一部分。"

接着，用有趣的方式引导孩子："其实运动有很多种，我们可以找到你喜欢的运动，比如打篮球、骑车、游泳。"

同时，通过鼓励性的挑战激发孩子的运动兴趣："我们可以做个运动打卡，每次坚持运动都给自己一个小奖励，最终达成目标时，去做一件你特别想做的事。"

最后，抽时间与孩子一起锻炼，给孩子做好榜样："我可以和你一起跑步。我们设定一个小目标，每天坚持跑步 15 分钟……"

为什么这样做 ◦

孩子对运动产生抵触情绪，不完全是懒惰，可能是还没找到适合自己的运动方式，或者对运动产生了压力感。

父母采用轻松有趣的方式重新引导孩子看待运动，可以帮孩子找到感兴趣的运动项目，让孩子通过参与自己喜欢的运动方式，逐步培养运动的习惯。

通过设定小目标和奖励机制的方式，不仅能让运动变得充满挑战和乐趣，还能增强孩子的成就感和动力，帮孩子逐渐爱上运动，并在运动中享受身心的双重健康。

孩子喜欢画画，一有时间就会画各种小动物、卡通人物，画得还有模有样

》 高手父母的做法

高手父母首先会肯定孩子的兴趣："你画的小动物真可爱，看来你真的很喜欢画画。"

在了解到孩子确实对绘画充满热情后，高手父母会帮助他们制订适合的计划，同时创造条件支持孩子的发展。他们可能会说："那我们试试看，给你报一个美术班，好不好？不过，你要记得，学习画画是为了让自己更开心，学习之余也别忘了休息。"

为了进一步激发孩子对绘画的热情，父母还会主动提供更多接触这项兴趣的机会。比如，建议道："最近有个美术馆展览，里面有很多大师的作品，我们可以一起去看看，说不定会给你更多灵感！"通过这样的方式，孩子不仅能开阔眼界，还能从中汲取智慧和力量，增强坚持下去的信心。

为什么这样做 ◉

绘画不仅能培养孩子的创造力，还能帮他们更好地表达内心的感受。父母积极鼓励和支持孩子的绘画兴趣，与孩子共同探索和享受绘画的乐趣，不但可以让孩子在绘画中获得更多的自我满足，还能帮他们在学习之余发展个人特长，达到全面发展的目的，同时还可以帮孩子在兴趣爱好和学业之间找到平衡，让绘画成为孩子释放压力、增强自信的一种方法。

假期到了，是给孩子报各种培训班，还是带孩子出去旅行

》 高手父母的做法

高手父母首先会和孩子沟通，征询孩子的意见："假期你想做什么？我们可以在学习和旅行之间找到平衡。"

然后，根据孩子的兴趣和需求做出综合规划，比如哪门学科薄弱，利用一个月的时间提升成绩；选择最想去的地方，来一次旅行。合理安排旅行计划，旅行时必须完成作业、阅读、查漏补缺的任务，并告诉孩子："学业上的补充是首要任务，但假期也是开阔眼界的好机会。我们可以选择一个既有趣又能学到东西的旅行目的地，感受不同的文化和自然风光。"

同时，让孩子明白旅行的意义："旅行不只是玩乐，它能让我们体验到书本上学不到的东西，还能让我们更好地理解世界。"

为什么这样做 ●

在孩子成长过程中，学业固然重要，但开阔视野同样不可忽视。旅行能让孩子从书本中走出来，亲身体验自然、文化和历史，培养孩子的观察力、思考力和独立性。这种综合成长比单纯的补习更具长远价值，也能让孩子对学习产生更多的兴趣。

这种平衡学习和旅行的方式，不仅能让孩子在假期获得知识、提升成绩，还能让孩子有休闲和探索的空间，有助于孩子形成广阔的视野，让孩子更独立、自信和开朗，为未来的学习和生活奠定基础。

第 **14** 天

财商教育，奠定
孩子一生的财富基石

◎ 孩子不认识钱，如何引导他正确管理金钱？

◎ 孩子拿钱充值游戏，如何帮他建立正确的消费观？

◎ 孩子收到压岁钱，如何引导他合理规划和储蓄？

◎ 孩子的零花钱花得很快，如何引导他制订零花钱计划？

◎ 孩子花钱大手大脚，如何培养他的节俭意识？

你拿出10元钱给孩子买零食，孩子却不认识钱，还问："钱不是在手机里吗？"

» 高手父母的做法

高手父母首先会用简单的方式向孩子解释什么是钱："手机里的钱和手里的纸币其实是一样的，都是用来交换东西的工具。"

然后，通过生活中的小事，帮孩子认识和理解钱的概念，比如带孩子去超市，让他们用现金买东西。同时借机引导孩子了解不同面值的货币："你知道这些纸币上的数字代表什么吗？每一种货币都有不同的价值。这张是1元，可以买一根棒棒糖，这张是5元，可以买……"

最后，还要给孩子一些基础的理财启蒙："你可以用钱买喜欢的玩具，也可以把钱存起来……"

为什么这样做 •

让孩子认识金钱、理解金钱的运作原理，能帮他们更好地学习消费、储蓄和财务管理。

从5岁左右开始，孩子的认知能力逐渐提升，正是认识金钱的好时机。在这一阶段，父母可以通过实物货币让孩子逐渐理解钱的不同面值及用途，这不仅能增强孩子的数学概念，还能为孩子日后的理财能力打下基础。同时，认识钱能让孩子学会合理消费，理解每一笔支出背后的意义，而不是依赖父母的支付行为。

父母通过生活中的实践引导，能帮助孩子逐渐树立金钱管理意识，让孩子从小懂得合理使用钱财，学会规划和储蓄。

你突然少了几千元，查询记录发现是孩子充值游戏了

》 高手父母的做法

　　高手父母首先会引导孩子认识到问题的严重性，让孩子知道其行为是错误的："这几千块钱是爸爸妈妈辛苦赚来的，你擅自用这些钱充值游戏是不对的。"同时通过实际的生活场景，让孩子理解父母赚钱的不易。

　　然后，与孩子一起查账单，让孩子清楚地看到这笔钱的去向："这些钱本来可以用来做更多有价值的事，比如买生活用品、学习用品。可是现在它们都被用在了游戏里。"

　　接着，与孩子探讨金钱的价值："钱是有限的，我们必须把它用在有意义的地方。"

　　最后，采取一些措施，让孩子承担责任："这些钱是你浪费的，你需要还给爸爸妈妈。比如通过做家务来'还钱'。"

为什么这样做 〇

　　通过实际的账单和生活实例，帮孩子理解钱是通过辛勤劳动换来的，这样做不仅可以让孩子知道钱的来源和用途，还能帮他们建立正确的消费观念，理解钱用在哪里才更有价值。

　　通过让孩子承担责任，不但能培养孩子的责任感，还能让他亲身体会到赚钱的艰难。这种方式能深刻改变孩子的金钱观，让他们在未来对消费更加谨慎和理性。

孩子收到一笔压岁钱，你提议帮他存入银行，他却不同意，非要买喜欢的玩具

》 高手父母的做法

高手父母首先会尊重孩子对压岁钱的期待："这是你的压岁钱，你有权决定怎么花。"接着会引导孩子思考："不过，我们可以一起想想，这笔钱该怎么花才更划算呢？"

然后，通过一些实际例子帮孩子理解储蓄的意义："如果你现在把这笔钱全花在玩具和零食上，过几天玩具旧了，零食吃完了，钱也没了。如果你把一部分钱存起来，以后可以用来买更有价值的东西，比如你一直想要的自行车。"

最后，引导孩子制订储蓄目标和计划，帮孩子记录储蓄进度，并且给予孩子鼓励和肯定，让孩子逐渐明白储蓄能带来的长期好处。

为什么这样做 ●

让孩子接触压岁钱，并让他们有一定的支配权，可以帮他们逐渐树立起财务自主意识。然而，完全让孩子自由支配压岁钱，容易让他们忽略储蓄和计划的重要性。

通过引导的方式，让孩子在体验消费乐趣的同时，学会合理规划和储蓄，这种做法能帮孩子理解金钱在短期价值和长期价值之间的平衡，让他们学会权衡眼前的消费和未来的目标。

让孩子设定储蓄目标，逐步体验到积累财富的成就感，可以让孩子从小就树立正确的金钱观和理性消费观。

你每周给孩子 50 元零花钱，但没过两天他就把钱花光了

》 高手父母的做法

高手父母首先会询问孩子钱花在了哪里："每周 50 块零花钱足够你花，但你这么快就花完了，说明你没计划好怎么花。我们一起来看看这些钱都用在哪儿了，好吗？"

然后，引导孩子反思哪些支出是必要的，哪些支出是不必要的，并引导孩子制定零花钱的规划："你可以把这笔钱分成几部分，比如 10 元用来买零食，10 元用来买文具或玩具……每周存 5 元，攒起来以备不时之需，或买自己想要的东西。"

最后，还要对孩子进行监督，并与孩子一起总结零花钱的使用情况："这周的零花钱用得怎样？有没有实现之前的规划？如果没有，下周怎么改进？"

为什么这样做 ●

通过引导孩子分析开销、制订零花钱计划，可以让孩子逐渐意识到金钱的有限性，并学会如何有效地分配。这种财商教育不仅能帮孩子控制眼前的花费，还能让他们学会如何规划未来的消费。

学会合理规划和管理零花钱，能让孩子学会在有限的资源中作出最佳选择，进而为未来的财务管理打下坚实的基础。

孩子花钱大手大脚，你刚给他 100 元零花钱，他跟伙伴出去一趟就花光了

≫ 高手父母的做法

高手父母首先会冷静地询问孩子："这 100 块钱都花在哪儿？买了哪些东西？"帮孩子梳理自己的开销，让孩子意识到花钱的去向。同时帮孩子分析哪些开销是必要的，哪些是可以节省下来的。

然后，告诉孩子节俭的道理："你可以请朋友吃东西，但也要学会衡量自己是否有能力。零花钱是有限的，要学会节省，这样才能长期使用它，享受更多的乐趣。"

最后，教孩子做消费记录，记录每天花了多少钱，买了什么东西，然后每周末进行总结和反思，看消费习惯是否有所改善。

为什么这样做

培养孩子的节俭意识和正确消费观念是父母财商教育的重要部分。父母用引导和沟通的方式，更容易让孩子在轻松的氛围中认识到乱花钱的后果，并建立起对金钱的责任感。孩子通过反思和记录自己的消费行为，能逐渐学会如何合理使用零花钱，而不是随意挥霍。

同时，父母通过引导孩子控制社交消费，帮孩子理解并非每次都需要请客或随大流消费，不仅能帮孩子建立独立的消费观念，还能增强他们在人际交往中的自信心，不再依赖花钱来获得他人的认可。

第 **15** 天

安全教育，培养
孩子的自我保护能力

◎ 如何培养孩子的防火意识和良好的用电习惯？

◎ 如何对孩子进行防溺水教育？

◎ 如何提高孩子的交通安全意识？

◎ 如何培养孩子的网络安全意识？

◎ 如何教孩子在助人的同时进行自我保护？

孩子出门后，你发现他房间的台灯、空调没关，电源插头也没拔

≫ 高手父母的做法

高手父母会通过引导教育，帮孩子增强防火意识和节约用电的责任感。

首先，他们会引导孩子思考："你知道电器长时间通电会带来什么后果吗？"接着告知孩子问题的严重性："长时间让电器通电，会导致电器过热引发火灾。很多火灾就是因为电器没拔插头引起的。"同时讲述一些新闻或案例，让孩子意识到这是一个关乎财产和生命安全的大问题，而不仅是浪费几度电的问题。

随后，让孩子亲自参与检查电器和插座，确保每次出门时都做到随手关闭电源。

最后，制定规则，提升孩子的防火意识："以后我们互相监督，确保出门前关闭电源和拔掉插头，好吗？"

为什么这样做 ◉

孩子的防火意识是安全教育的重要部分。父母引导孩子从实际例子中认识到长时间不关闭电器和不拔插头的风险，能让孩子意识到这不仅是浪费电的问题，更关乎财产和生命安全。

让孩子亲自参与检查电器和插座，能培养孩子的安全意识和责任感，让孩子学会如何防止火灾隐患，形成良好的用电习惯。向孩子讲述具体的案例，能让孩子明白安全隐患存在于每一天的细节中，这种教育方式比简单的命令和责备更有效。

假期你准备带孩子外出游玩，孩子提议到一个网红漫水桥玩水

》 高手父母的做法

　　首先，高手父母会把孩子的安全放在首位，明确拒绝孩子："这个网红漫水桥看起来好玩，但其实非常危险，因为河水的流速和水下的情况我们是不清楚的。一旦出现意外，后果不堪设想。我们不能冒这个险。"同时通过实际案例，让孩子意识到漫水桥的危险性："前不久就有新闻报道，某地的漫水桥因为突然涨水，很多人没及时撤离而被冲走，一人死亡，一人失踪。"

　　然后，为孩子提供安全的替代方案："如果你想玩水，我们可以去游乐场或游泳馆，那里有安全保障。"

　　最后，还要教孩子一些防溺水的知识："玩水首先要选择有安全保障的地方，比如游泳池。其次要避免去陌生的水域。最重要的是，要遵守安全规则，不能贸然下水。"

为什么这样做 ◐

　　漫水桥、河流等地方因水流不稳定、地形复杂，很容易出现意外溺水事故。父母如果因为孩子的好奇心而轻率答应，可能会将孩子置于险境。

　　因此，明确拒绝孩子并对孩子进行防溺水教育是非常必要的。这样不仅能保护孩子的安全，还能帮他们树立正确的安全意识，让他们在快乐玩耍的同时远离危险，平安健康地成长。

孩子刚学会骑自行车，就要自己骑车去超市，遭到拒绝后还闹情绪

≫ 高手父母的做法

高手父母首先会安抚孩子的情绪："我知道你想展示自己学会骑车的本领，想独自骑车去超市，但妈妈担心你的安全。"同时解释其危险性："虽然你已经练习得不错，但马路上车辆多、车速快，你这么小，骑车上路非常危险。"

接着，明确告诉孩子遵守交通规则："骑车需要遵守交通规则。你不满 12 周岁，按规定不能骑车上路。"同时给孩子讲一些交通规则，比如怎么过马路，怎么避让汽车，怎么保持安全距离。

最后，会为孩子寻找一个替代方案："不如我们一起骑车去小区内的超市……"

为什么这样做

孩子刚学会骑自行车，处于对新技能的兴奋期，往往会低估骑车外出的危险。他们往往只关注自己对自行车的掌控，却忽略了路况、车辆、行人等因素带来的风险。

父母要详细解释拒绝的原因，让孩子理解独自骑车上路的危险性，同时通过引导和实践，让孩子逐步了解交通规则，帮他们增强交通安全意识，学会安全骑车。这种循序渐进的方式不仅能保护孩子的安全，还能在不伤害孩子自尊的情况下满足他们的成长需求。

孩子拆快递时发现一张兑换卡，说扫码能兑换奖品，催着你扫码

》 高手父母的做法

高手父母首先会冷静地回应孩子："我知道你看到这个兑换卡很高兴，但是扫码前，我们要确认这张卡的真实性。"然后和孩子一起分析情况："这张卡是从哪里来的？可信度高吗？是不是所有扫码活动都值得信任呢？"

接着，借机给孩子普及网络安全知识："很多诈骗都是通过扫码来获取个人信息，比如盗取银行卡密码。所以，任何来路不明的二维码都不能扫。尤其是带'免费'字眼的卡片，很有可能是骗子的陷阱。看到这种信息时，要特别小心。"

最后，向孩子展示正确的做法："我们可以先打客服电话，或通过官方网站查验。这样可以避免风险，保护我们的信息安全。"

为什么这样做

孩子的网络安全意识往往不强，容易在好奇心的驱使下掉入陷阱。高手父母通过冷静分析和详细解释，不仅让孩子理解了扫码背后可能存在的风险，还培养了孩子的自我防范意识。通过模拟案例和实际操作，则让孩子明白，不是所有二维码都可以随意扫，尤其是涉及个人信息的活动，更需慎重处理。这不仅保护了孩子当下的安全，还培养了他们的网络安全意识，有利于他们在未来面对类似情况时独立判断，作出正确选择。

孩子遇到陌生人问路，不但给对方带路，还把姓名、住址等隐私信息告知对方

≫ 高手父母的做法

高手父母首先会认可孩子的助人之心，同时明确告知孩子："帮助陌生人的同时，要保证自己的安全。你可以为他指路，但不能为他带路。万一他是坏人，到了偏僻的地方，把你抓起来怎么办？"

然后，让孩子明白个人信息的重要性："你还要注意保护自己的隐私，姓名、住址等信息是不可以告诉陌生人的。"还会举例说明，为什么要拒绝给陌生人带路和保护个人隐私："很多坏人就是利用孩子的热心，将其骗到偏僻的地方，绑架或拐卖……""有些坏人会利用这些信息做坏事，比如骗取爸爸妈妈的信任，到家里盗窃。"

最后，可以和孩子一起进行角色扮演，帮孩子学会如何保护个人安全，同时保持助人为乐的态度。

为什么这样做 ◦

孩子很难判断哪些人是好人，哪些人是坏人，哪些信息需要保密，哪些信息可以公开。尤其是在助人为乐的过程中，孩子更容易因善良而忽略安全问题。因此，父母不仅要鼓励孩子的善良行为，还要教会他们面对陌生人时如何进行自我保护。

此外，父母可以鼓励孩子在遇到不确定情况时，立即向父母或老师寻求帮助，培养"先核实再行动"的习惯。通过反复练习，这些技能能成为孩子面对陌生人时的本能反应。

第**16**天

静待花开，
陪孩子顺利度过叛逆期

◎ 孩子故意和你对着干，如何引导他回归正轨？

◎ 孩子挑战你的权威，如何缓解他的叛逆情绪？

◎ 孩子反抗你的控制，如何让他愿意聆听你的建议？

◎ 如何缓解孩子的对抗情绪，帮他找到学习和娱乐的平衡？

◎ 孩子暴躁、易怒，如何引导他走出叛逆期？

孩子经常和你对着干，反驳你的观点，无视你的要求，表现出不合作的态度

≫ 高手父母的做法

　　面对孩子的叛逆行为，高手父母首先会弄清楚孩子叛逆的原因："我注意到你最近总是反对我，是不是有什么想法或感受没和我说呢？"或者采取开放的态度与孩子沟通："你可以告诉我，为什么不想听我的意见？你对这件事有其他看法吗？"

　　其次，他们不会一味强迫孩子遵从指令，而是帮孩子理解规则的重要性："有时候，你可能不理解为什么我让你这么做，但我这样做是为了保护你，帮你做得更好。"

　　最后，还应给孩子一定的自主权，让孩子有选择权和决定权，让孩子感受到被尊重和重视："在这件事上，你可以提出自己的想法。"

为什么这样做 ◉

　　孩子的叛逆行为往往是他们表达独立意识、争取自主权的一种方式。当孩子感觉自己无法控制生活中的一些事情时，便会通过反抗父母的指令或观点来找回这种控制权。

　　父母的错误行为，比如纵容、严格控制、不认同、缺乏耐心等也会导致孩子的叛逆。因此，父母必须弄清楚孩子叛逆的原因，通过开放的对话，让孩子自由表达自己的想法。父母还要深入寻找孩子叛逆背后的情感需求，然后针对孩子的需求对症下药，这样才能引导孩子的行为回归正轨。

孩子做了不该做的事，批评他后不但不认错，还明知故犯

》高手父母的做法

当孩子做了父母不允许的事情时，高手父母会先让自己冷静下来，再与孩子进行交流："我知道你很想做这件事，但我有我的担心和理由，咱们能坐下来聊聊吗？"

如果孩子依然反抗，他们会选择站在孩子的角度沟通："你觉得我很生气，是不是让你也很难过？你能告诉我，为什么你觉得这件事那么重要呢？"

同时，明确地向孩子解释规则的原因："我知道你不理解为什么不能做这件事，但这是为了你的健康与安全。如果你能遵守规则，咱们可以一起找其他有趣的事情做。"

为什么这样做

吼叫虽然能在短时间内让孩子停下手头的行为，但从长期来看，它会让孩子感受到压力和不被理解，导致他们的对抗情绪不断积累。久而久之，他们会形成一种逆反心理，故意做一些逆反行为来挑战父母的权威。

因此，父母必须停止吼叫，采取温和的方式来与孩子沟通，同时在沟通过程中倾听孩子的想法，尊重孩子的意愿。这样不但可以缓解孩子的叛逆情绪，增加合作的可能性，还能帮助孩子学会管理自己的情绪。

孩子不听话，你采取罚站等惩罚手段，试图用威严控制孩子，但没什么效果

≫ 高手父母的做法

高手父母知道，孩子叛逆可能是因为压力、困惑、对规则不理解或渴望独立。因此，他们首先不会急于惩罚孩子，而是先冷静下来，询问孩子不听话的原因。

其次，耐心与孩子进行沟通，解释相关的规则，引导他们做正确的事情："我们制定这个规则是为了确保大家能愉快地相处，如果你能遵守，我们就可以一起做你喜欢的事情。"

最后，鼓励孩子主动承担责任，引导孩子反思自己的行为："你今天没有听话，应不应该承担错误？怎么承担？下次遇到这样的事，该怎么办？"

为什么这样做 ◉

惩罚虽然能在短期内让孩子停止某些不良行为，但从长远来看，惩罚会让孩子对规则和父母产生反感。当孩子不断受到惩罚，却不理解自己为什么错了时，他们会感到被误解和压制，从而选择更加叛逆的行为来反抗父母的控制。

父母通过理解和尊重孩子的感受，才能建立起与孩子之间的信任，并让孩子更愿意聆听自己的建议。同时，通过引导孩子反思自己的行为，能帮他们从内心里意识到自己的责任，而不是因为害怕惩罚而被迫服从。

孩子成绩下滑，你停掉他的娱乐活动，每天监督他学习，他却产生反抗情绪

》 高手父母的做法

高手父母知道，成绩的波动可能反映了孩子内心的压力和焦虑。

首先，他们会关注孩子的情绪，让孩子表达自己的感受："我发现最近你的成绩下滑了，妈妈有点担心，但我更想知道你是不是有什么压力，遇到什么困难了。"

其次，他们不会盲目剥夺孩子的娱乐活动，而是帮孩子在学习与娱乐中找到平衡，帮孩子放松心情、缓解压力、恢复专注力。

最后，他们会帮孩子分析成绩下滑的原因，制订合适的学习计划："我们一起来找找原因吧，看看你有哪些学习方法需要调整。"

为什么这样做 ●

高手父母不只关心孩子的成绩，更关心孩子的情绪。他们不仅能理解孩子的感受、接纳孩子的现状，还会引导他们释放压力，重新找到学习的动力和兴趣。

同时，高手父母也明白，学习是一个长期的过程，不应只看重短期的成绩波动，而是要帮孩子建立自信、学会管理自己的情绪和时间。他们在与孩子沟通时，会尽可能放下焦虑，充满耐心和包容，这不但能缓解孩子的焦虑、对抗情绪，还能提升孩子的自我管理能力和抗压能力。

孩子暴躁、易怒，父母一说就翻脸，该批评指责，还是正向引导他走出叛逆期

》 高手父母的做法

　　高手父母首先会保持冷静，避免在孩子情绪失控时和他正面冲突，等孩子情绪稳定下来后，再找机会沟通。

　　其次，他们会更注重正向强化，寻找孩子的积极面，给予表扬和鼓励。比如，当孩子表现出某些责任感或愿意倾听时，他们会说："我注意到你最近在努力处理自己的情绪，这非常棒！"

　　他们不会把孩子的叛逆看作一种错误或问题，而是将其当作孩子成长的一个机会，通过积极的沟通和引导，帮孩子理解情绪波动背后的原因，教他们用更成熟的方式来处理情绪："人有情绪很正常，重要的是学会如何控制情绪。"

为什么这样做 ●

　　孩子在叛逆期表现出脾气暴躁、易怒，往往是因为他们内心的自我认同感尚未完全建立，正在尝试通过挑战父母的权威来寻求独立性。父母通过正向引导的方式，不但能帮孩子在叛逆期内建立自信，还能刺激孩子学会用更积极的方式表达自己。比如，鼓励和表扬不仅能让孩子看到自己的进步，还能激发他们的积极性，帮他们更好地应对内心的困惑。

第 **17** 天

孩子心情不好，
父母的反应很重要

◎ 孩子闷闷不乐，如何倾听他的心声？

◎ 孩子情绪低落，如何帮他从低谷中走出来？

◎ 孩子被同学误会，如何引导他缓解内心的压抑？

◎ 孩子怕黑，如何缓解他的恐惧情绪？

◎ 孩子因成绩波动产生焦虑，如何帮他缓解？

孩子回到家闷闷不乐，刚要跟你说，你却忙着做饭，敷衍了两句就进厨房了

》 高手父母的做法

    高手父母会敏锐捕捉到孩子的情绪变化，即便在忙碌时，也会暂停手中的事情："你今天好像不太开心，能跟我们聊聊吗？"如果孩子暂时不愿多说，他们会给孩子空间："你现在不愿说也没关系，爸爸妈妈随时准备倾听你的委屈。"

    在倾听过程中，他们不会急于给建议，而是让孩子充分表达心中的困扰，哪怕孩子表达得不清楚，也会鼓励孩子继续说下去。

    倾听结束后，他们会根据孩子的情绪作出适当回应，无论是安慰、开导还是讨论解决方案，都会建立在充分了解孩子内心感受的基础上："你想怎样发泄情绪？我们和你一起，怎么样？"

为什么这样做 ◦

    倾听是父母与孩子建立亲密关系的重要桥梁。父母愿意倾听，孩子会觉得自己的感受被理解和重视，这种被接纳的感觉能增强孩子的安全感和信任感。

    父母通过倾听孩子的心声，可以更深入地了解孩子的内心世界，及时发现孩子在情绪、学习以及人际关系方面的潜在问题。父母通过及时引导和情感支持，不仅能帮孩子更好地解决问题，还能帮孩子培养积极的情绪调节能力。

    因此，父母要耐心倾听孩子的心声，帮他们缓解情绪、重建安全感，同时增强亲子间的信任与情感连接。

孩子突然变得一蹶不振，对什么事都提不起兴趣，情绪低落

》 高手父母的做法

高手父母在孩子的情绪陷入低谷时，第一步是了解孩子情绪低落的原因。他们会通过陪伴和关怀，创造让孩子表达情绪的机会。比如，陪孩子聊聊日常生活中的小事，通过轻松的对话，逐渐引导孩子把心中的困扰说出来。

第二步是采取有效行动，帮孩子缓解情绪。比如，带孩子到户外走走，或者一起做一些运动，帮孩子转移注意力，释放负面情绪。

第三步是根据孩子的兴趣，帮孩子找到一种新的关注点。比如，如果孩子喜欢听音乐，他们会和孩子一起听听轻松愉快的音乐。

最后一步是帮孩子调整作息时间，让孩子安排适度的运动和休息，帮助孩子逐渐恢复良好的身体和精神状态。

为什么这样做 ●

当孩子陷入情绪低谷时，往往需要时间和外界的支持来重新调整自己。陪伴是孩子情绪恢复过程中最重要的支持。当父母耐心倾听孩子的感受时，孩子会感到自己不是孤独的，自己的困扰是被重视和理解的。这种情感上的支持能帮孩子增强安全感，有助于他们从低谷中走出来。

户外活动、适当运动和感兴趣的事能帮孩子从消极情绪中解脱出来，让他们重新发现生活的乐趣和意义。健康的作息习惯能帮孩子恢复活力，为他们的情绪恢复提供坚实的基础。

孩子说今天被同学误会了，心里很憋屈，然后一整天都闷闷不乐

》 高手父母的做法

高手父母首先会理解孩子的感受，接纳孩子的情绪，并询问具体情况："能和我说说具体发生了什么吗？"

然后，让孩子通过倾诉，把内心的情绪发泄出来："你想哭就哭出来吧！"如果孩子依然不能释怀，则会引导孩子通过正确的渠道释放情绪："你可以听听音乐，也可以写写日记，把你想对那个同学说的话都写下来。"

接着，鼓励孩子正面处理误会，教孩子主动与同学沟通："如果你觉得同学误会你了，可以找个合适的时间和他谈谈。"

最后，引导孩子积极表达自己："你很勇敢，能把委屈告诉我。下次遇到这样的情况，也可以像今天这样。"

为什么这样做 ●

当孩子因为被误解而感到委屈时，内心往往会充满焦虑和不安。面对这种情况，父母必须耐心倾听和引导孩子，给予孩子理解和接纳，同时引导他们正确表达情绪，有效缓解内心的压抑。

同时，父母还要教孩子学会沟通和处理误会，学会在矛盾中表达自己的想法和感受，进而提升孩子的社交能力，让孩子健康、快乐地成长。

孩子怕黑，不敢一个人睡觉，经常半夜跑到你的房间，要求和父母一起睡

》 高手父母的做法

当孩子怕黑，产生恐惧情绪时，高手父母首先会给予孩子情感上的理解和安慰："我知道你怕黑，这很正常。我们可以一起来解决这个问题。"

接下来，采取具体措施帮孩子逐渐适应独自睡觉的过程。比如给孩子准备一盏温暖的小夜灯，并告诉孩子："你不是一个人，爸爸妈妈就在隔壁。"同时为孩子设计一个渐进式的独睡计划。比如先让孩子独自睡一会儿，告诉孩子："你可以尝试一个人睡，如果觉得害怕，再来找我们。"

如果孩子半夜醒来，跑来父母的房间，他们会安慰孩子，并陪孩子回到自己的房间："妈妈知道你害怕。我陪你一会儿，等你睡着，我再回来，可以吗？"

最后，当孩子克服恐惧后，他们会给予鼓励和表扬："你能独自睡一晚了，我们为你感到骄傲。你是个勇敢的孩子！"

为什么这样做 ◎

孩子在成长过程中，产生恐惧情绪是很正常的，特别是对黑暗的恐惧。这种情绪源于孩子对未知环境的担忧和缺乏安全感。对此，父母要采取理解、引导和陪伴的方式，给足孩子安全感，让孩子感到自己是被支持和理解的。这样的方式不但能有效缓解孩子的恐惧情绪，还能培养他们的自信心和独立能力。

孩子班里转来一个优等生，每次考试都比孩子好，孩子很焦虑

》 高手父母的做法

　　高手父母首先会对孩子的情绪表示理解："我知道你很在意自己的成绩，看到不如同学考得好，会焦虑和不安，这很正常。"

　　接着，引导孩子认识到成绩不是衡量自己能力的唯一标准，每个人都有不同的优势："成绩比他低几分，并不代表你比他差。每个人都有自己的优点和长处……"

　　然后，帮孩子转变关注的焦点，从过度关注竞争转向关注自我提升："你只要尽力做好自己，不断进步，就很棒了！"

　　同时教孩子为他人的成绩感到高兴，培养孩子正确的竞争意识："这个同学成绩好，说明他很努力。你不妨找机会向他学习请教，说不定你们可以互相帮助，共同进步呢！"

　　最后，还可以教孩子一些放松的技巧，比如通过运动、听音乐来缓解学习的压力，让孩子学会正确面对竞争和压力。

为什么这样做 ●

　　当孩子因成绩的波动、同学间的竞争而产生焦虑情绪时，父母表达理解和共情，能让孩子感到被尊重和理解，缓解其内心的压力；引导孩子不过分关注与他人的比较，学会专注于自我提升，能帮孩子建立更积极的学习心态。这不但有助于缓解孩子的焦虑情绪，还能提高孩子的自信心和抗压能力，让他们在学习和生活中更加从容地应对挑战。

第**18**天

孩子被欺负，
教孩子正确地反击

◎ 孩子与人发生冲突，如何引导他面对和处理冲突？

◎ 孩子在学校遭遇恶作剧，如何教他应对类似事件？

◎ 孩子遭遇社交排斥，如何帮他走出孤立的困境？

◎ 孩子被侵犯，如何避免他再次受到侵犯？

◎ 孩子遭遇校园霸凌，如何教他更好地保护自己？

孩子正在游乐场玩玩具，别的小朋友上来就抢走玩具，还把他推倒

≫ 高手父母的做法

面对这种情况，高手父母会保持冷静，首先教孩子如何在冲突中表达自己的需求，帮孩子增强自信："你要大胆地对他说：'这是我先拿到的玩具，你不可以抢走！''你不能推我，你要向我道歉！'"

如果孩子实在胆小，或对方比较霸道，他们会及时介入："你这样做是错误的。"或直接找对方的家长，让家长教育孩子。

然后，用鼓励的方式引导孩子学会勇敢："以后再遇到这样的问题，你要勇敢。只要你勇敢了，对方就不会欺负你了！"

最后，跟孩子讨论整个冲突的过程，让孩子反思如何处理类似的情况，从中学习应对冲突的方法和技巧。

为什么这样做

孩子在成长过程中，难免要面对与同龄人的冲突。如果父母总是替孩子解决问题，孩子就会慢慢变得依赖，缺乏面对冲突和表达需求的能力。

父母通过引导的方式，让孩子在安全环境下逐步学会面对和处理冲突，能培养孩子的社交技能和解决问题的能力。通过让孩子表达自己的感受和需求，能帮助孩子建立自信，并让他们学会尊重他人、理解他人。这样孩子才能逐步掌握处理冲突的技巧，学会在不依赖父母的情况下独自应对社交场合的挑战，进而在未来的社交中应对更多复杂的情况。

孩子在学校遭遇恶作剧，文具盒被同学藏了一只假蜘蛛，孩子吓得哇哇大叫

》 高手父母的做法

高手父母首先会平静倾听孩子的委屈，对孩子表达理解："你一定被吓坏了，被这样捉弄确实让人很不舒服。"

接着，引导孩子思考这个恶作剧的性质，区分它是善意的玩笑还是恶意的捉弄、欺负："同学可能不知道你怕蜘蛛，觉得假蜘蛛不会伤害你，所以才会开这个玩笑。"

然后，鼓励孩子表达自己的感受："不管对方是开玩笑还是恶意捉弄，你都要明确告诉他：'我不喜欢这样的玩笑，你不要再这样做了！'"

如果恶作剧带有明显的恶意或事后仍在继续，他们会教孩子寻求正确的帮助："如果对方继续这样捉弄你，你可以告诉老师，寻求老师的帮助。"

为什么这样做 ●

孩子在成长过程中，遭遇恶作剧是很常见的情况。父母急于为孩子出头，或忽视孩子的感受，都是错误的，不利于孩子学会自己应对未来复杂的社交局面。

父母通过引导孩子辨别恶作剧是善意的还是恶意的，同时教导孩子如何表达自己的感受和立场，不但可以教会孩子如何应对类似事件，还可以帮助孩子提升社交能力、建立自信，进而为他们未来的社交生活打下坚实的基础。

孩子被一个同学联合其他同学孤立排斥，还被说了一些难听的话

>> **高手父母的做法**

高手父母首先会倾听孩子的感受，引导孩子释放委屈："他们太过分了！你一定很伤心吧！"

接着，帮孩子分析问题的根源："你被同学孤立，可能是因为你最近成绩超过了他，他感到不安。其实，这是他内心的不自信在作祟，而不是你的错。"

然后，教孩子如何应对孤立和排斥："当他们嘲讽你时，最好的回应是保持冷静，用自信回应他们，表明你不会被他们的言语伤害。"同时鼓励孩子与其他人交朋友，不要只局限于一个圈子。

最后，教孩子如何化解冲突，让孩子尝试与对方沟通与和解："你也可以在适当的时候，用平静的方式和这位同学谈谈，告诉他你们可以一起进步。"

为什么这样做 ●

社交排斥是孩子成长过程中的一种常见现象，特别是在成绩、表扬等竞争性场合中，更容易引发同伴的嫉妒和排斥。这种情况处理不当，会让孩子感到孤立和自卑。

高手父母的做法不仅让孩子得到情感支持、获得安全感，还教会他们如何冷静应对排斥，并通过平和的方式应对冲突和化解矛盾。这种处理方式不但能帮孩子走出孤立的困境，还能引导他们在社交圈中找到属于自己的安全和支持。

孩子回家后情绪低落，询问许久后，才说出被人摸了敏感部位

》 高手父母的做法

面对这种情况，高手父母的第一反应是保持冷静，安抚孩子："别怕，爸爸妈妈会保护你。""你做得很对，告诉爸爸妈妈是最勇敢的选择。"

接着，倾听孩子的描述，不打断、不急于发表意见，确保了解整个事情的经过，并郑重地告诉孩子："爸爸妈妈跟你说过，任何人都不能碰触你的身体，尤其是隐私部位。"

然后，立刻采取行动，选择向警方报案，确保孩子不再受到威胁和侵害，并坚定地告诉孩子："爸爸妈妈会保护你，不用害怕。"

最后，还要给孩子提供心理上的支持，帮孩子缓解情绪上的创伤，必要时还会找专业的心理咨询师，帮孩子走出这段不好的经历。

为什么这样做

遇到孩子被侵犯的敏感问题，父母首先要让孩子意识到父母是值得信任的，同时向有关部门报告，确保孩子的安全，这有助于避免孩子再次受到侵犯，并给孩子一个清晰的信号：这种行为是不可容忍的。

被侵犯是一种巨大的心理创伤，父母必须给予孩子足够的心理支持，引导孩子说出内心的恐惧和困惑，帮孩子重新建立对世界的信任，这样才能让孩子真正走出阴影，健康快乐地成长。

孩子一周要花几十元零花钱，你调查后发现是被同学校的孩子"借走了"

≫ 高手父母的做法

高手父母首先会安抚孩子的情绪，避免让孩子感到过度压力，然后心平气和地对孩子说："你能告诉我这些事，说明你信任我们。你很勇敢，我们一起面对问题。"然后了解事情的来龙去脉，并且明确地告诉孩子："这是校园霸凌，我们要对霸凌勇敢地说'不'！"

接着，引导孩子采取行动，避免与这些霸凌者接触，同时向老师、学校反映问题，要求学校采取措施保护孩子，并教孩子如何在面对霸凌时寻求帮助："不要害怕告诉老师，也不要惧怕那些人的威胁，寻求帮助是保护自己最好的方式。"

然后，帮孩子增强自我保护意识，教孩子如何处理类似情况，如何面对威胁，同时引导孩子交更多的朋友。

最后，必要时会选择报警，保护孩子的人身安全不受侵害。

为什么这样做 ▸

校园霸凌不但会让孩子的身体和安全受到侵害，还会对孩子的心理和精神造成伤害。因此，父母要认真观察孩子的情绪、状态，与其进行有效沟通，一旦发生孩子遭受校园霸凌，要及时采取有效措施，帮孩子脱离霸凌的阴影，同时帮孩子增强自我保护意识和建立正确的社交关系。这样才能让孩子学会更好地保护自己，同时培养孩子的独立性和解决问题的能力。

第 **19** 天

有客来访，教孩子
做大方得体的小主人

◎ 如何增强孩子的社交自信，让他主动跟人打招呼？

◎ 如何有效制止孩子的"人来疯"行为？

◎ 如何引导孩子在待客过程中表现得更得体？

◎ 如何引导孩子和他人分享自己的物品？

◎ 如何帮孩子在社交场合中表现得更稳重？

朋友来家里做客，孩子不但不打招呼，还转身躲到自己的房间里

》 高手父母的做法

　　高手父母首先不会当场责骂孩子，而是私下与孩子沟通，询问他为什么不愿跟客人打招呼。接着明确地告诉孩子："我很理解你。有时，我和陌生人打招呼也会紧张，但是客人来了，我们应表示欢迎和尊重。"

　　然后，引导孩子理解打招呼的重要性："当客人来时，打招呼是表达友好和尊重的一种方式。你是小主人，应该让客人感受到你的热情和欢迎。"

　　必要时，带孩子进行情景模拟——爸爸妈妈扮演客人，孩子扮演小主人，练习与"客人"打招呼。

　　最后，表扬孩子的每一次进步，比如客人走时，孩子轻轻说了一声"再见"，父母应该给予孩子积极的肯定："你刚才表现得很好，虽然声音小了点，但你已经勇敢地和客人说再见了。"

为什么这样做 ◎

　　主动与他人打招呼是培养孩子社交礼仪的第一步。由于年龄的原因，孩子往往会感到害羞和不安。这时候，父母应采取温和的方式，逐步对孩子进行引导和鼓励，并引入情景练习，这不但能让孩子感到被尊重和支持，还能让孩子在一次次练习中提升自信，逐步适应与客人的互动。长期来看，这不仅能帮孩子克服社交恐惧，树立正确的礼仪观念，还能增强孩子的社交自信。

孩子"人来疯"，一来客人就上蹿下跳，或拿玩具枪对着客人射击

≫ **高手父母的做法**

高手父母会提前和孩子沟通："今天我们家要来客人。你是个懂事的孩子，爸爸妈妈希望你有礼貌。"即便孩子表现出"人来疯"的行为，他们也不会在客人面前训斥孩子，而是私下里温和地提醒孩子："我知道你很开心，但这样是不礼貌的。"

然后，让孩子做一些自己喜欢的事，转移孩子的注意力，或者找一些可以替代的活动，让孩子与客人互动："你可以拿出你喜欢的绘画作品，和客人一起分享。"

等客人离开后，他们会复盘孩子的表现："今天你一开始有点闹腾，但后来和客人分享了你的作品，做得非常棒。下次我们可以从一开始就表现得更好，对不对？"

为什么这样做

"人来疯"是孩子想通过夸张的行为引起关注和互动。孩子天性活泼，见到客人时会因为兴奋而显得过于激动，这时父母的适当引导尤为关键。

首先，提前与孩子沟通并设定期望值，可以帮孩子提前进入"客人到访模式"，知道在客人面前该如何表现。其次，温和的沟通方式不但能有效制止孩子的过激行为，还能避免孩子产生抵触情绪。最后，复盘孩子的表现并给予积极的反馈，有助于强化孩子的正面行为，让孩子在未来类似的场合中表现得更得体和稳重。

孩子想当小主人，领着客人参观房间、收藏的玩具，还为客人倒水、拿水果

》 高手父母的做法

有客人来访时，高手父母首先会鼓励、引导孩子展示主人的热情："宝贝，爸爸妈妈很高兴你愿意帮忙招待客人。"

然后，教孩子一些基本的待客礼仪："你可以为客人倒杯水，记得先问客人想喝什么，然后轻轻把水杯递给他们。"

当孩子展示玩具或其他收藏品时，他们会适时提醒孩子尊重客人的感受："你可以向客人展示一两件你喜欢的玩具，但不要展示太多，好让客人有休息时间。"

如果孩子表现得很好，他们会在客人走后及时表扬孩子："你今天表现得像个小主人，非常有礼貌地招待了客人。"同时告知孩子一些需要注意的问题，为他的行为设定一些界限，比如不能频繁打扰客人，不能向客人展示私密空间和贵重物品。

为什么这样做 ▶

孩子想当小主人是成长过程中的一种社交表达。如果父母一味打压，会打消孩子的积极性，阻碍孩子健康的社交发展。

父母应给予孩子正确的引导教育，给孩子适当的空间去展示他的待客能力，让他感到自己是家庭中的重要一员；还要教孩子一些待客的礼仪，比如为客人倒水、适度展示玩具等，提升孩子的社交能力。同时要让孩子了解什么是适当的待客行为，这样孩子才能学会照顾他人的感受，在未来的待客过程中更加得体。

孩子和小客人抢着玩一个玩具，还大喊："这是我的玩具，你不许玩！"

》 高手父母的做法

高手父母会冷静介入，尊重双方的情感需求，同时帮孩子理解分享的意义："我明白这是你的玩具。不过，××是我们的小客人，你要招待好他。分享一下玩具，让他见识一下这个玩具的好玩之处，可以吗？"或者引导孩子寻找解决问题的办法："你们可以轮流玩这个玩具，或者你选另一个玩具和他交换。"

如果孩子愿意分享，他们会及时表扬孩子："今天你做得很好，能和小朋友一起玩，虽然中途有争执，但你最后还是愿意分享，这很好。"如果孩子仍不愿分享，他们也会尊重孩子的选择，但会提醒孩子分享的好处："当你愿意分享时，别人也会更愿意分享他们的东西，大家都能玩得很开心。"

为什么这样做

当孩子还处于自我意识比较强烈的阶段时，对"我的东西"的概念非常敏感。此时，如果父母直接强迫孩子让着客人，虽然能短期内缓解矛盾，但从长期来看，却会让孩子觉得自己被忽视，进而抵触分享的行为。

让孩子理解分享的意义，并尊重他们的物权，是处理此类情况的核心原则。在沟通中，父母应给予孩子充分的尊重，给予其选择权和自主权，同时正面强化孩子的行为。这种方式不仅能解决争执，还有利于培养孩子的情商和与他人合作的能力。

面对陌生的客人时，孩子要么表现出很怕生，要么表现出"人来疯"

≫ 高手父母的做法

　　高手父母会事先跟孩子沟通："与陌生人沟通没什么大不了的，你不要紧张，爸爸妈妈在一旁陪着你呢。"

　　必要时，还会在家里进行情景模拟，让孩子练习如何与陌生人打招呼、聊天，或者带孩子到超市、游乐场，鼓励他们与售货员、小伙伴们说话。

　　同时还会教孩子一些实用的社交小技巧，比如保持微笑，学会使用一些礼貌用语，如何清楚明确地表达自己的诉求，学会倾听等。

　　当孩子能够成功与陌生人进行友好交流时，他们会及时给予表扬和鼓励："今天你表现得很棒，比之前大方多了，说话声音也大了。"

为什么这样做 ●

　　孩子在陌生人面前表现得"怕生"或"人来疯"，其实是对新环境的一种情绪反应。高手父母通过耐心引导和正向反馈，能帮孩子学会在社交场合中得体应对。

　　一方面，尊重孩子的情绪非常重要。孩子"怕生"或"人来疯"，是因为他们对新环境或陌生人感到不安，此时，父母的陪伴和鼓励能逐渐建立孩子的安全感和社交自信。另一方面，通过实践练习、传授技巧和事后鼓励的方式，能帮孩子规范行为，有助于提升孩子的沟通能力和社交能力。

第**20**天

去别人家做客，
社交礼仪不能少

◎ 孩子总是打断你谈话，如何引导他尊重他人讲话？

◎ 孩子放飞自我，如何引导他养成良好的行为习惯？

◎ 如何帮孩子分清"喜欢"和"拥有"是两码事？

◎ 孩子在餐桌上挑肥拣瘦，如何培养他的餐桌礼仪？

◎ 孩子乱翻主人的东西，如何引导他尊重他人的隐私？

你正在跟朋友聊正事，孩子不时来打断，"我要喝水""别说了，陪我玩"

》 高手父母的做法

高手父母会提前告知孩子礼貌沟通的规则。比如，在与朋友谈话之前，告诉孩子："妈妈现在要和朋友谈一些事情，你可以在旁边玩一会儿。如果有事，等我们说完再说，好吗？"

当孩子打断时，他们会温和且坚定地提醒："我们正在谈话，如果你有急事，可以先轻轻拍一下我的手，等我说完再回应你。"

如果孩子反复打断，则会给予适当批评："你频繁打断我们说话是非常不礼貌的。"然后引导孩子做一些他喜欢的事情。

事后，他们会再次明确规则，引导孩子进行反思，并向孩子强调正确的做法。

为什么这样做 ◦

首先，提前设定沟通规则可以减少孩子的打断行为。通过清晰告知孩子当前的情况和期望行为，能让孩子心中有数，知道什么时候可以与父母交流。

其次，温和提醒和适度引导可以让孩子感受到被尊重。孩子在成长过程中需要被重视的感觉，通过设置明确的界限，能让孩子学会在合适的时间提出需求，而不是随意打断他人谈话。

最后，事后的反思和引导有助于孩子养成尊重他人讲话、不随意打断的好习惯。这种教育方式不仅能让孩子学会礼貌的沟通方式，还能让孩子在社交场合中更得体、自信地与人交流。

在做客时，孩子一会儿躺在沙发上，一会儿把脚搭在茶几上

》 高手父母的做法

高手父母会提前告知孩子在公共场合或到他人家里做客的基本礼仪："我们到××家做客，你要懂礼貌。看电视时要坐好，不能随便躺卧，不能把脚放在茶几上，不能随地打滚，不能大喊大叫……"

当孩子出现"放飞自我"的行为时，他们会及时提醒孩子。如果孩子一再忘记，则会把孩子带到一旁，说明保持礼貌和仪态的重要性。如果孩子有改进，他们会及时给予肯定，强化其正向行为。

此外，在家里时，他们也不会纵容孩子，而是时刻提醒孩子，促使其养成良好的仪态。

为什么这样做 〇

孩子年龄小，可能会随着性子来做事，怎么舒服怎么做。但是在公开场合或到他人家做客时，这是缺乏礼貌和礼仪的表现。如果不加以正确引导，很容易让孩子成为"熊孩子"，遭人厌烦。

父母采取提前设定规则、温和提醒的方式，不但能给予孩子明确的行为指引，让孩子知道什么是合适的行为，什么是不恰当的行为，还能引导孩子养成良好的行为习惯，提升孩子的社交礼仪意识。

孩子喜欢亲戚家的玩具，临走时非要拿走，遭到拒绝后，开始大哭大闹

» 高手父母的做法

高手父母首先会安抚孩子的情绪，让孩子冷静下来："你是不是觉得这个玩具很好看？你要好好说，好好表达。"同时坚守原则："我知道你很喜欢这个玩具，但它是人家的东西，不能随便拿走。"并引导孩子学会换位思考："你想想，如果别人到咱们家，喜欢你的玩具，非要带回自己家，你舍得给他吗？"

然后，引导孩子寻找其他解决问题的方法："如果你特别喜欢，可以明天再来，询问××可不可以让你多玩一会儿。""我们可以问问××，这个玩具是从哪里买的。改天妈妈也给你买一个，你很快就可以拥有它了。"

事后，还要引导孩子理解"喜欢"和"拥有"是两码事，告诉孩子"不是自己的东西，再喜欢也不能占为己有"。

为什么这样做 ▶

小孩子在面对喜欢的物品时，很容易因不懂所有权和分享的概念而产生占有欲。在这个过程中，父母的处理方式对孩子未来的行为模式有深远影响。父母必须帮孩子理解"喜欢"和"拥有"是两码事，即便再喜欢别人的东西，也不能随便带走。同时，父母要坚守原则，给孩子设立清晰的界限，不能因孩子哭闹而妥协。否则，不但会给孩子做坏榜样，还会误导孩子，对孩子的性格发展、习惯养成以及认知产生不良影响。

主人备好丰盛的午餐，孩子挑肥拣瘦，还把自己喜欢的菜端到跟前

》 高手父母的做法

高手父母首先会小声制止孩子，并明确告诉孩子："我们在做客，菜是主人精心准备的，如果不喜欢吃某道菜，可以不动筷子，但不要说出来。"

然后，用温柔的方式提醒孩子："每道菜都是大家一起分享的，你喜欢的菜可以多夹一些，但不能把整盘端走。"

如果孩子坚持自己的行为，他们会巧妙将其带离餐桌，私下进行教育，告知其餐桌礼仪。当然，平时他们也会强调餐桌礼仪的重要性，引导孩子改掉不好的行为，养成良好的餐桌礼仪。

为什么这样做 ○

在别人家做客时，孩子的礼仪表现不仅代表了个人，更体现了家庭的教养。餐桌礼仪是社交礼仪的一部分。父母通过示范和引导的教育方式，不但能让孩子学会在社交场合中注意自己的言行，避免不礼貌的行为，还能减少孩子的反感和抵触情绪，让孩子更容易接受并内化餐桌礼仪，在人际交往中获得更多的认可和喜爱。

餐桌礼仪反映了一个人对他人权利和感受的尊重，父母正确引导和教育孩子，才能让孩子不断成长和进步，在未来的社交场合中表现得更得体。

孩子进入主人家卧室，把抽屉翻得乱七八糟，物品散落一地

≫ 高手父母的做法

面对这种情况，高手父母首先会保持冷静，他们不会当场指责孩子，而是轻声询问孩子："你知道这些东西是谁的吗？为什么随便动别人的物品呢？"

接着，耐心地向孩子解释："卧室属于主人的私人空间，未经允许不可以进入，更不能随便动别人的物品。"

然后，向孩子示范如何将翻乱的东西整理好，并鼓励孩子自己动手收拾："你翻乱了抽屉和物品，现在我们一起来整理。"

最后，适时引导孩子向主人表达歉意："你的行为是不礼貌的，给叔叔阿姨带来了麻烦。我们要向叔叔阿姨道歉。"

为什么这样做 ○

年龄小的孩子不懂什么是个人边界，什么是他人隐私，往往会做出随便进入他人卧室、乱动他人物品的事情。这时候，父母若是发火，可能会让孩子感到恐惧和委屈，虽然他们会暂时听话，但没有真正明白为什么不能乱动他人的物品。父母若是纵容，为其找借口，更会给孩子错误的引导。

父母要明确告知孩子其行为是错误的，引导孩子尊重他人的隐私，并让孩子为自己的错误承担责任。这样不但能让孩子真正理解错误的根源，提升孩子的自我约束能力，还能培养孩子的责任感。

第**21**天

尊重孩子的选择，培养孩子的主见

◎ 报兴趣班时，你做主还是孩子做主？

◎ 孩子缺乏主见，如何鼓励他坚持自己的想法？

◎ 如何引导孩子在小事中独立决策？

◎ 如何引导孩子在大事中参与决策？

◎ 如何引导孩子勇敢地表达拒绝？

你给孩子报了小提琴培训班，孩子学了两节课就不想学了，非要学画画

》 高手父母的做法

高手父母首先会耐心倾听孩子的想法："你为什么不想学小提琴了？"接着对孩子表达理解："我知道学小提琴不容易，刚开始确实会有点难。"

然后，跟孩子讨论选择背后的思考："你想学画画，能和妈妈说说你为什么喜欢画画吗？你觉得画画和小提琴相比，哪个更有趣？"通过讨论，可以引导孩子更深层次地认识自己的兴趣。

最后，尊重孩子的兴趣，引导孩子作出正确决定："如果你觉得画画更适合你，我们可以转换课程。但是你要明白，无论学什么，坚持和努力都是很重要的。"

为什么这样做 ◉

尊重孩子的兴趣和选择，是培养孩子自主学习的关键。

首先，通过倾听和讨论，理解孩子内心的真实感受，既能让孩子感受到父母的理解与支持，又能增强孩子的自信心。

其次，通过与孩子讨论不同学习项目的利弊，帮孩子更清楚地认识自己的兴趣爱好，有助于培养孩子的独立思考能力和审慎决策能力，让孩子更有责任心地对待自己的选择。

最后，强调坚持和努力的重要性，让孩子明白每一项学习都需要认真对待，不仅能帮孩子避免养成半途而废的习惯，还能让孩子在未来的学习和生活中更有毅力。

孩子与同学发生争论，向你求助："书上说月亮不发光，同学们却说它发光。"

≫ 高手父母的做法

高手父母首先会安抚孩子的情绪："我理解你，被同学质疑确实会让人不舒服。"避免让孩子感到自己在争论中被孤立。

接着，引导孩子重新思考问题，强化孩子对正确知识的理解，让孩子找回自信："你记得书上说月亮不发光？还记得是哪本书吗？是不是可以找到它，确定自己是对是错？"然后与孩子一起翻阅资料，确定答案的正确性。

之后，鼓励孩子坚持自己的想法："如果你确定自己是对的，就要坚持自己的想法；如果不确定，就通过查证来验证你的想法。"

最后，告诉孩子，可以阐述自己的观点，但没必要与人争论："如果你确认自己的想法是对的，可以明确地告诉他人。即使他们不认同，也没关系，重要的是你知道自己掌握的知识是正确的。"

为什么这样做

很多孩子缺乏自信和主见，尤其是受到质疑时，更容易自我怀疑和否定。面对这种情况，父母不能简单地告诉孩子"你没错""你得坚持自己的想法"，而应培养孩子独立思考和解决问题的能力。这样能帮孩子在面对争论或质疑时，学会分析和解决问题，而不是依赖他人。

父母还应引导孩子学会面对质疑，自信地表达自己的观点，这能让孩子在人际交往中更加轻松自如，不被他人的看法左右。

陪孩子到商场选衣服，孩子看上了一件嘻哈风格的卫衣，你却认为它不适合孩子

》 高手父母的做法

　　高手父母首先会从孩子的角度出发，耐心倾听孩子的想法："你为什么喜欢这件卫衣？它哪一点最吸引你？"

　　然后，引导孩子考虑实际情况："这件卫衣看起来很酷，但你觉得它适合在学校或户外运动时穿吗？穿上它你会觉得舒服吗？"

　　如果孩子明确喜欢这件衣服，他们会尊重孩子的选择，让他们自己做主："你确定喜欢它？那好，你可以选择自己喜欢的衣服。"

为什么这样做 ●

　　想要培养孩子的主见，需要尊重孩子的选择权和自主权，让他们在一些小事中学会独立决策。

　　虽然选择什么风格衣服、吃什么零食、买什么玩具是一些不起眼的小事，但是对于孩子来说至关重要。父母若是能认同和尊重孩子，让他们觉得自己有能力掌控一些小事，不但能增强孩子的自信心和自我认同感，还有助于培养孩子的自主意识和责任感。

　　同时，从小让孩子参与到生活的决策中，可以促使孩子在日常生活中学会独立思考和解决问题，进而在未来更好地面对复杂的选择。

家里装修，你跟爱人讨论装修风格、房屋布置时，孩子也来提意见

》 高手父母的做法

高手父母首先会尊重孩子的意见，主动邀请孩子参与相关事宜的讨论："我们打算重新装修房子，作为家庭的一分子，你也可以提出自己的想法。"

他们会尊重孩子的个人意见，同时也会引导孩子从整体和实际出发："你的房间设计可以按你的想法来，但我们需要考虑整体风格。"

他们还会向孩子提供可控范围内的选择，在一定程度上掌控整体风格和预算，比如："你喜欢蓝色还是绿色的墙壁？"

最后，他们会明确告知孩子："你不能仅依照个人喜好去做决定，也要尊重父母的意见。"

为什么这样做 ○

让孩子参与大事决策，是培养孩子责任心的关键一步。孩子通过参与家庭装修这样的大事，不仅能体验到自己是家庭的一部分，还能培养孩子在家庭中的责任感和义务感。

父母应该尊重孩子的意见，而不是以孩子小、不懂事为由，忽视他们的想法，否定他们的意见。否则很容易抹杀孩子的自主意识、责任感，让他们不敢表达自己的想法和坚持自己的主张。

当然，让孩子参与家庭决策，并不意味着完全听取孩子的意见。在大事上，父母在培养孩子的思维能力和判断力的同时，要把控全局，确保决策的正确性。

别人错怪了孩子，孩子不敢争辩；别人让孩子做不喜欢的事，孩子也不敢拒绝

》 高手父母的做法

高手父母首先会明确告诉孩子："大人也会犯错，你有权利表达自己的想法。"让孩子明白说"不"和反驳是合情合理的权利。

接着，通过实际情境教孩子得体地说"不"："如果有人错怪你了，你可以礼貌且坚定地说：'对不起，这不是我的错。'面对别人的过度要求时，你可以大胆地拒绝：'我不喜欢做这种事，你可以找其他人做吗？'"或者给孩子制造一些小挑战，比如让孩子拒绝不喜欢的食物，对爸爸妈妈、爷爷奶奶说"不"，在此过程中帮他们树立自信。

最后，通过讨论和示范，教孩子一些拒绝的技巧，引导孩子在面对权威时既能保持尊重，又敢于表达自己的看法。

为什么这样做 ◉

孩子不敢说"不"，主要是由于对各种权威人物，包括老师、父母甚至朋友的畏惧。如果父母不及时加以引导，让孩子勇敢表达拒绝，很可能形成孩子过度顺从、盲从的性格，还容易让孩子缺乏独立思考的意识，甚至丧失维护自己权益的能力。

让孩子敢于说"不"，能帮孩子提高独立思考和勇于表达的能力。通过实际的情境训练孩子如何说"不"，能避免孩子冲动反抗或过度服从的极端表现。让孩子在小事中练习表达意见和拒绝，能培养他们独立思考的能力。

第**22**天

有远见的父母，
都善于对孩子说"不"

◎ 如何避免孩子撒娇、哭闹，引导他正确表达诉求？
◎ 如何委婉拒绝，减少孩子的对抗情绪？
◎ 如何跟孩子"约法三章"，避免他提出无理要求？
◎ 如何帮孩子学会自我控制，培养他的延迟满足能力？
◎ 如何培养孩子的理性消费意识和自我控制力？

你要出门上班，孩子却抱着你撒娇，你不答应就抱着你的大腿哭闹不止

≫ 高手父母的做法

高手父母首先会安抚孩子的情绪："我知道你现在很想让妈妈陪，妈妈也舍不得你。"

不过，他们不会因孩子哭闹而心软，而是会明确地表达自己的立场："妈妈要去上班，这样才能赚钱，为你买玩具、零食……"

然后，引导孩子将注意力转移："你可以在家里画一幅画，等妈妈回来，我们一起做你最喜欢的游戏，好不好？"

最后，还可以利用这个机会给孩子灌输一些关于工作和责任的观念："每个人都需要工作，不但要赚钱，还要承担家庭和社会责任。等你长大了，也会有自己的事情要做，也需要承担一定的责任。"

为什么这样做 ●

当孩子企图通过撒娇、哭闹实现目的时，父母要明确态度，坚定地说"不"，一旦轻易妥协，孩子就会把它当作武器，改变父母的行为和决定。

这种方式不仅能避免孩子在情绪中纠缠太久，还能向孩子传递一个重要信号——哭闹无法改变父母的决定。这样孩子可以从小知道，有些事不能通过撒娇或情绪控制来改变。这也有利于帮助孩子正确表达诉求，提升情绪管理能力。

让孩子理解工作的重要性，也是培养孩子责任感的过程。孩子能从父母的言行中逐渐明白，每个人都有自己的责任。

下雨了，孩子想出去踩水，但是他正在发烧，踩水可能会加重病情

》 高手父母的做法

高手父母首先会采取共情的方式，让孩子感到自己被理解："我知道你很想出去踩水，因为每次下雨，妈妈都会带你出去踩水。"以便降低孩子情绪的激烈程度。

然后，温和地指出问题所在，让孩子理解为什么被拒绝："但是你现在正在发烧，如果去踩水，会让病情加重，引发肺炎。你上次肺炎，是不是很难受？"

最后，会给孩子提供替代方案："等你病好了，我们一起出去玩水，好不好？""你想玩水，我们可以接些热水，在浴室玩一会儿，可以吗？"或者找一些孩子喜欢的事，转移他的注意力。

为什么这样做

直接、带有指责性的拒绝容易引发孩子的反抗情绪。孩子往往不理解父母的担忧，反而觉得自己被压制和否定了。

父母要学会委婉地拒绝，而不是简单地用权威压制孩子。采取先共情、再引导、最后寻找替代方案的方式，不但能让孩子感到自己被理解和尊重，减少对抗情绪的产生，还能培养孩子的认知能力，让孩子学会根据现实情况作出合理选择。

设定一个可以期待的未来目标，不仅能满足孩子的愿望，还能让孩子在等待过程中有事可做，不致陷入情绪失控的困境。

你已经为孩子买了水枪、汽车，但孩子看到其他小朋友拿着飞机，又闹着要买

》 高手父母的做法

高手父母会提前和孩子"约法三章"，避免孩子在玩耍过程中提出无理要求。比如，出门前对孩子说："今天你只能买两个玩具，买完就不能再买了。"当孩子再次提出要求时，他们会拿出之前的约定："我们之前约好了，你只能买两个玩具。难道你忘了吗？"

然后，给孩子时间冷静和思考，并再次引导孩子："我理解你的感受，但我们之前有约定，你得守信用。"并提出解决方案："如果你非常喜欢它，咱们下次再买，可以吗？"

如果孩子仍然坚持买，并站在那里不走，他们会用温和而坚定的语气告诉孩子："你可以站在那里，但我不会答应你的要求。"同时采取冷处理的方式，并与孩子保持一定的距离。

为什么这样做 ●

孩子的欲望是无止境的，很难完全得到满足。所以，提前跟孩子进行"约法三章"非常有必要。这样不但能让孩子清楚父母的立场，还能减少孩子的不合理期待，减少当场拒绝的伤害，避免孩子产生情绪失控的情况。

父母还需态度坚定，不被孩子的情绪左右，同时让孩子知道这个约定是需要被尊重的，不能随便被打破。这有助于建立和谐的亲子关系，帮孩子成长为一个有责任感、遵守承诺的人。

孩子要吃糖，你说"不行，晚饭前不准吃糖"，孩子用发脾气表示不满

》 高手父母的做法

高手父母不会直接说"不行"，而是用"可以"替代"不行"，避免直接拒绝，减少孩子的对抗情绪："你可以吃一颗糖，不过，现在马上要吃晚饭了，我们吃完晚饭后再吃，可以吗？"

如果孩子仍然情绪激动，他们会这样处理："我可以先把糖果给你，等吃完饭，你再吃它，好吗？"或者转移孩子的注意力："你现在可以帮我一起准备晚饭，晚饭后我们可以一起分享糖果，好吗？"

为什么这样做 ●

孩子通常不喜欢直接地否定和拒绝，用"可以"替代"不行"，能让孩子感到自己有一定的控制权和选择权，更容易让孩子接受规则。

其次，这种表达方式能帮助孩子理解规则的合理性。父母通过解释为什么需要先吃晚饭，再吃糖，能让孩子学会理解事情背后的原因，减少孩子因不明白而产生的抵抗情绪。

而提供替代方案、转移注意力的方式，能有效缓解孩子的情绪波动。不仅能帮孩子学会自我控制，还能培养孩子的延迟满足能力。同时，这不仅维护了规则，还能让孩子在情绪上感到被尊重、被理解，有助于建立健康的亲子沟通模式。

孩子看中一个玩具，抱着它不撒手，但这个玩具已经超出了你的购买力

》 高手父母的做法

　　高手父母遇到这种情况，会先温和、坚定地拒绝，再耐心解释原因，而不是简单地压制或妥协。比如平静地告诉孩子："我知道你很喜欢这个玩具，不过它已经超过了我们的承受能力。"同时让孩子了解父母赚钱的不易，然后提出合适的解决方法："我们可以一起攒钱，等攒够了再买，好吗？"

　　如果孩子依然不肯放手，他们会继续耐心引导："我知道你很想要这个玩具，但我们不能因为一时的喜好就买下昂贵的东西。每个人都要了解自己的实力，做能力范围内的事。"同时引导孩子通过努力实现目标，培养孩子的延迟满足能力和金钱规划意识。

为什么这样做 ●

　　在拒绝孩子的要求时，父母要避免简单粗暴地否定，采取温和的方式，并耐心解释为什么拒绝，同时引导孩子积极寻求解决问题的方法。

　　这样的方式能让孩子感到被理解和尊重，减少孩子的对抗情绪。让孩子理解父母的决策是有依据的，而不是随意拒绝，不但能减少孩子的失落感，还有助于孩子学会思考"为什么不能"，从而增强孩子的理性判断和消费意识。通过这种方式，孩子不仅能学会如何面对自己想要却无法立即拥有的东西，还能培养孩子应对失望的能力，促使孩子形成良好的自我控制力。

第**23**天

孩子不愿做的事，
高手父母有办法

◎ 孩子不喜欢和小伙伴玩，如何帮他克服社交恐惧？

◎ 孩子不喜欢阅读，如何引导他爱上阅读？

◎ 孩子不爱吃菜，如何帮他改掉挑食的毛病？

◎ 孩子学习不好，如何激发他不甘心失败的心理？

◎ 孩子有畏难情绪，如何引导他主动面对挑战？

孩子宁愿一个人在家看电视、玩游戏，也不愿外出和小伙伴玩耍

≫ 高手父母的做法

高手父母首先会询问孩子为什么不愿外出，然后根据孩子的具体情况给予针对性的建议。如果孩子说："外面没什么意思，我一个人玩不了那么多东西。"他们会回应："我们可以邀请几个小伙伴一起来玩，你们可以做一些新游戏。"

如果孩子说："同学们都不跟我玩，我觉得很孤单。"他们不会直接要求孩子硬着头皮去社交，而是先帮孩子建立信心："有时交朋友需要一些勇气，你可以主动邀请同学参加你喜欢的活动。"

如果孩子害怕外出或担心安全问题，则告诉孩子："爸爸妈妈可以陪你一起外出，保证你的安全。"

最后，他们会让孩子从实际行动中感受到外出游玩的快乐。

为什么这样做 ▸

强制方式虽然能让孩子采取行动，但是孩子会感到被逼迫，产生逆反心理，变得更抗拒外出和社交。父母首先了解孩子的内心需求，然后对症下药，有助于减少孩子的抵触情绪，让孩子感受到父母的理解和支持。

耐心与孩子沟通，引导孩子认识到外出与社交的好处，并提出实际可行的方案，不仅能让孩子逐渐学会处理自己的情绪和社交困境，避免孩子沉迷于电子产品，还能帮孩子建立安全感和信任感，克服焦虑或社交恐惧。

孩子不喜欢阅读，你苦口婆心地劝导，孩子却不为所动，甚至烦躁不已

》 高手父母的做法

　　高手父母首先会从孩子的兴趣入手，找到适合孩子的书籍。接着会创造一个轻松愉快的阅读环境，与孩子一起阅读。

　　同时，把阅读融入生活，培养孩子的探索欲。比如在生活中遇到某些问题时，他们会引导孩子："你想知道这个问题的答案吗？我们可以在 ×× 书中找到它。"或者看到某个现象时，他们会说："这是 ×× 现象，我在 ×× 书中看到过……"

　　最后，鼓励孩子分享阅读的成果和感受："你觉得这本书怎样？有没有你觉得特别有趣的内容？"

为什么这样做 ●

　　强迫和说教式的劝导无法激发孩子阅读的兴趣，反而会削弱孩子阅读的主动性。父母应从激发孩子内驱力的角度出发，设法让孩子对阅读产生兴趣。

　　在这个过程中，父母要了解孩子的兴趣，选择适合孩子的书籍，让孩子更容易进入阅读世界。同时营造轻松的阅读环境和氛围，让孩子感受到阅读的乐趣，而不是为了任务阅读。

　　最后，要积极给予孩子正向反馈，这有助于增强孩子的自信心和成就感。当孩子有了成就感时，自然就爱上阅读了。

孩子挑食，只吃肉，不吃菜，你采取奖励的方式，但奖励后，孩子总耍赖

>> 高手父母的做法

　　高手父母首先会避免将吃蔬菜与物质奖励联系在一起，而是让孩子理解吃蔬菜的重要性："吃蔬菜能让你更健康，跑步更有力气，长得更高。"

　　其次，等孩子吃蔬菜后，他们才会给予奖励："你今天很棒，吃了蔬菜，我奖励你一朵小红花。"而不是提前用奖励做条件："你吃蔬菜，我就给你奖励。"给予奖励时，他们会尽量选择非物质奖励，而不是动不动就给物质奖励。

　　接着，他们会通过鼓励或表扬来强化孩子的好行为："你今天吃了很多蔬菜，真棒！你越来越健康了。"

　　最后，他们会通过增加饮食的趣味性，吸引孩子吃蔬菜，比如让孩子参与到烹饪过程中，自己挑选或切蔬菜。

为什么这样做 ○

　　仅靠物质奖励不能持久改变孩子的行为，反而会让孩子更依赖外部的奖赏。而且"你吃蔬菜，我就给你奖励"的方式，让孩子以为父母是在和自己讲条件，容易让孩子把吃蔬菜看作一种不情愿的任务，从而产生抗拒心理。

　　因此，父母要正确奖励孩子，让他们知道自己的哪些行为是被认可的。这样才能避免让孩子依赖外部奖励，或者为了换取奖励而去做某事。

孩子成绩不突出，又不愿努力，你哄也哄了，骂也骂了，效果却不明显

》 高手父母的做法

高手父母看到鼓励、劝导和批评的方式不管用后，会采取激将法来激发孩子的竞争心和自尊心。比如故意质疑、否定孩子，刺激他们来证明自己："我看你是怕了，觉得努力也没什么用，所以干脆不努力了，对吧？"或者给孩子树立一个竞争对手："××是第一吧？难道你比不过他？"

他们会根据孩子的个性，灵活运用激将法。对性格倔强、不服输的孩子，会稍微加强语气："你难道连试一试的勇气都没有了吗？"对敏感的孩子，则会柔和一些："我还以为你会再努力一次，没想到你自己都放弃了。"

孩子被激发出学习动力后，他们不会继续刺激孩子，而是及时给予其正向的鼓励和支持，帮孩子保持这股劲头。

为什么这样做 ●

激将法能触动孩子的自尊心，激发他们不甘心失败的心理。父母通过暗示孩子"你怕了""你不敢"，可以巧妙地引导孩子为了证明自己而主动努力。

不过，激将法只能适度使用，过度使用反而会让孩子产生逆反心理，甚至变得更消极。因此，父母在使用激将法后，要立即给予孩子鼓励和肯定，帮孩子从消极状态中走出来，慢慢形成内在驱动力。

孩子有畏难情绪，不愿做有困难、没把握的事，该强迫他去做吗

》 高手父母的做法

遇到这种情况，高手父母会通过示弱的方式，巧妙地激发孩子的成就感，让孩子主动去面对挑战。比如，商场举办活动，唱一首歌可以赢得礼品，孩子想去但又不敢，他们便会对孩子说："妈妈想要那个礼品，但是有些紧张，你能陪我一起去吗？""我担心我表现不好，但如果你帮我一起完成，我相信我们会做得很好。"

等完成这件事后，他们会给予孩子肯定和表扬，让孩子产生成就感："你太棒了！有了你，我才能完成这件事！"

为什么这样做 ●

适度的挑战是促进孩子自我成长和发展的关键。但如果父母采取强制的方式，让孩子去面对他们没准备好的挑战，只会让孩子感到压力和焦虑，导致他们对困难的事情产生畏惧心理。

通过示弱，父母可以巧妙地将挑战变成一个合作或帮助的机会，让孩子感到自己是有能力的。这不仅能减少孩子的抗拒心理，还能培养孩子的自信心和成就感。

示弱能让孩子感受到父母对他们能力的信任，同时避免过度的压力和强迫感。通过这种方式，孩子能在不知不觉中完成他们原本认为很难的任务，获得成功的体验。这种成就感会逐渐积累，让孩子在未来更加勇敢和自信地面对更多挑战。

第**24**天

会夸，
才能养出好孩子

◎ 怎样表扬能帮孩子建立良好的行为模式？
◎ 什么样的表扬能对孩子起到持续的激励作用？
◎ 如何表扬才不会让孩子忽视努力的重要性？
◎ 为什么说迟到的表扬还不如不表扬？
◎ 怎样奖励才能激发孩子的内在驱动力？

孩子表现好，你只会夸他"很棒"，开始还有效果，但很快就不管用了

≫ 高手父母的做法

高手父母懂得，表扬具体详细，才能真正激励孩子。因此，他们会在表扬时注重细节和具体描述，让孩子明确知道自己做对了什么。比如，当孩子主动收拾玩具时，他们会说："你今天把所有玩具都整理好了，还按照颜色分开摆放，爸爸妈妈很喜欢你这种认真的态度。"这样的表扬不仅让孩子感受到认可，还清楚地知道自己的努力被看见和欣赏。

表扬的同时，他们还会鼓励孩子反思自己的行为："你觉得今天把玩具都整理好后，房间是不是看起来更整洁了？"引导孩子意识到自己行为的积极影响，进而更乐于养成良好的习惯。

为什么这样做 ◉

表扬是促进孩子良好行为的重要工具。但如果表扬过于笼统和空泛，孩子就很难理解具体做对了什么，长此以往，他们对表扬的敏感度就会下降，甚至失去对良好行为的内在动力。

具体详细的表扬能精准地指出孩子的行为亮点，让孩子清楚自己哪些做法值得继续保持。这样的表扬不仅能帮孩子更好地反思自己的行为，从而建立良好的行为模式，还能让孩子感受到来自父母的关注和认可，从而进一步内化这些行为习惯。

为了让孩子进步，哪怕一点小事你都要表扬，结果却适得其反

》 高手父母的做法

高手父母更注重表扬的时机和方式，避免过度表扬。他们不会每一件小事都给予孩子表扬，而会在孩子付出努力或克服困难后，给予及时的肯定。

他们会避免表扬的"泛滥"。当孩子完成日常的例行任务时，比如吃完饭、穿衣服等，他们不会过多地表扬，而是让孩子理解这些是他应当承担的责任。而当孩子完成具有一定挑战性的任务时，则会给予具体详细的表扬："你今天坚持做完了这么难的题目，真的很棒！你的努力和坚持让我感到很欣慰！"

他们还会积极鼓励孩子进行自我评价，减少孩子对外部表扬的依赖："你觉得自己这次做得怎么样？是不是比上次进步了？"

为什么这样做 。

在孩子成长过程中，表扬的作用不容忽视，但频繁和夸张的表扬会导致表扬贬值，让孩子不再珍惜表扬，甚至失去内在动力，做事只为获得外部奖励，而不是从行为本身获得满足感。

因此，父母要学会给予孩子适度的表扬，帮孩子明确哪些行为值得坚持。同时减少无意义的表扬，引导孩子自发思考和评价自己的表现，培养孩子的自我管理能力和责任感。如此才能帮孩子建立健康的自我认同和行为习惯，让表扬成为促进孩子成长的正向激励。

孩子考了 100 分，你夸他"真聪明，太棒了"，结果孩子的成绩反而下降了

》 高手父母的做法

　　高手父母在表扬孩子时会注重过程，而不是仅仅关注结果。他们深知，表扬孩子的努力和方法，能够帮助孩子建立内在动力，而不是单纯追求外在成绩。例如，当孩子考试取得好成绩时，他们不会只是说："你真厉害！"而是会更加具体地强调努力的重要性："你这次考得这么好，和你平时的努力分不开。比如，每天按时复习、认真完成练习，还有查漏补缺时的坚持。爸爸妈妈看到你这么用心，真的很为你骄傲！"

　　在面对孩子为达成目标付出的辛勤努力时，父母也会特别关注那些显而易见的过程。比如，当孩子终于学会骑自行车后，他们可能会说："你真棒！这几天不断练习，不怕摔倒，一次次爬起来调整平衡，正是因为你的坚持，今天才能骑得这么好！"这样的话，不仅鼓励了孩子，更让他明白，努力和坚持是成功的关键。

为什么这样做 ●

　　父母的表扬过于关注结果，尤其是分数的高低和聪明与否，容易让孩子误以为成绩是衡量能力的唯一标准，也误以为"我聪明，所以我成绩好"，进而忽视努力、学习方法的重要性。

　　因此，父母在表扬孩子的时候，要尽量表扬努力的过程，这样不仅能帮孩子建立起对努力和学习方法的认同感，还能让孩子意识到自己的努力是值得的，从而培养起对学习的内在驱动力。即便成绩有所波动，孩子也会更有信心去调整和改进。

孩子遵守交规，绿灯亮了才过马路，是马上表扬他，还是等回家后再表扬他

》 高手父母的做法

高手父母知道表扬的时机至关重要，当孩子遵守交通规则等绿灯亮了才过马路时，他们会马上说："你记住了爸爸妈妈的话，等到绿灯亮起才过马路，做得很好！"

如果当时不方便表扬，过了马路，到达安全的地方后，也会及时告诉孩子："刚才你过马路时等绿灯，具有安全意识，很好。"

或者当时简单地表扬孩子，等回家后再具体说明为什么表扬他，他的哪些行为值得认可。

为什么这样做

表扬的及时性非常重要。孩子的情绪和行为反馈往往是即时的，他们在做出好行为的那一刻最需要得到父母的认可和鼓励。如果表扬延后，孩子就无法将表扬与自己的行为有效连接起来，甚至会感到困惑和失落。

及时表扬能强化孩子的良好行为，使他们更清楚哪些行为是正确的，并促使他们更愿意重复这些好行为。延迟的表扬，尤其是过了行为发生的最佳反馈时间，会大大削弱表扬的效果，让孩子感觉不到自己行为的价值，甚至会影响下一次的行为表现。

因此，父母要及时表扬孩子的好行为，帮孩子迅速建立起对正确行为的正面反馈循环，增强孩子的自信心和责任感。

143

孩子积极做家务，你经常奖励他，结果一旦没了奖励，孩子就不做家务了

≫ 高手父母的做法

高手父母会更多采用精神奖励，而不是单纯依赖物质奖励。比如，通过言语上的肯定、情感上的关怀来激励孩子持续保持好行为。当孩子刷完碗后，他们会对孩子说："你帮妈妈刷碗了，妈妈觉得你真能干，给你一个大大的拥抱！"

或者帮孩子建立对家务的责任感和成就感，比如当孩子主动扫地时，会对他说："你扫完地后，家里看起来更整洁了，你真是个细心的小主人！"

他们也会给予孩子物质奖励，但更倾向于偶尔使用小小的物质奖励，以便让孩子明白，做家务是一种责任，而不是一种交易。

为什么这样做

精神奖励比物质奖励更能培养孩子的内在动力。物质奖励容易让孩子把家务当作一种获取利益的方式，而不是出于责任感和自愿。久而久之，孩子会只为了物质奖励而做事，一旦没有物质奖励，他们便会失去行动的动力。

精神奖励能让孩子在父母的赞赏中感受到成就感、自豪感，这种正向反馈能激发孩子主动去做家务。精神奖励还能让孩子明白，做家务是对家庭的责任和贡献，而非换取物质利益的手段。

因此，父母应该多采用精神奖励的方式，激发孩子的内在驱动力，提升其独立性和责任感。

第25天

指责型教育，
只会让孩子越来越糟

◎ 指责会对孩子产生哪些负面影响？

◎ 挖苦会对孩子产生哪些负面影响？

◎ 贬低会对孩子产生哪些负面影响？

◎ 威胁会对孩子产生哪些负面影响？

◎ 唠叨会对孩子产生哪些负面影响？

孩子犯错后，你习惯性地斥责他，结果是孩子越来越差劲，还经常故意犯错

》 高手父母的做法

当孩子犯错时，高手父母首先会平静地对待问题。比如，孩子弄坏了东西，他们会先了解事情的经过，然后用平静的语气说："妈妈知道你不是故意的，你不用太自责。"并向孩子传达一个重要信息：错误可以被改正，父母可以和他一起面对问题。

接着，引导孩子思考错误的原因，以及如何改正："你能告诉妈妈事情是怎样发生的吗？"

然后，引导孩子反思如何避免再发生类似的错误，或在下次遇到类似的情况时作出更好的选择。

最后，给予孩子适当的正向反馈，强调孩子的能力和进步："虽然你弄坏了东西，但是你能主动告诉我，说明你很诚实。"

为什么这样做 ◎

指责会让孩子感到羞愧和无助，久而久之，孩子会对自己失去信心，认为自己一无是处，反而更加叛逆、故意犯错，以此来获取注意或宣泄情绪，甚至陷入恶性循环，致使亲子关系变得更紧张。

因此，父母应避免情绪化的指责，给予孩子积极引导和正向反馈，帮孩子在错误中学习并成长。这不仅能避免亲子关系的紧张，还能让孩子在失败中提高责任意识和解决问题的能力，让孩子逐渐建立自我认同感，变得更加自信和有担当。

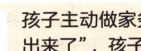 孩子主动做家务，你却说"太阳从西边出来了"，孩子的积极性瞬间被打消

》 高手父母的做法

当孩子主动做家务时，高手父母首先会对孩子的行为表示认可："你今天把房间整理得很整齐，妈妈很高兴你能主动做家务。"

然后，他们会进一步帮孩子意识到自己行为的价值，强化他们的积极行为："把房间打扫得干净整洁，不但便于快速找到物品，还有利于身体健康，保持心情愉快。"

最后，他们还会提出好的期望，引导孩子把好的行为坚持下去："妈妈希望你能坚持下去，养成良好的生活习惯。"

通过肯定、引导和期待这三个步骤，高手父母不仅能够巩固孩子的好行为，还能帮助他们形成长久的良好习惯，从而在潜移默化中塑造孩子的责任感与自我管理能力。

为什么这样做 ○

挖苦和讽刺会让孩子感到不被尊重和认可。如果孩子的努力没有得到积极反馈，反而被调侃和贬低，那么他们的积极性就会被打消。

更严重的是，孩子会对自己失去信心，觉得不管自己做什么，父母都会带着批评的态度来看待。换句话说，孩子需要从父母那里获得肯定和鼓励，尤其是在他们主动承担任务和表现出积极行为时。因此，父母要避免挖苦和讽刺孩子，而应给予孩子正确的反馈。这样不仅能让孩子更愿意参与家务劳动，还有助于培养他们的自我管理和责任意识。

给孩子讲了几遍题仍讲不通，你抱怨说："你是笨蛋吗？"结果孩子越来越笨

》 高手父母的做法

高手父母会保持耐心，不断给予孩子鼓励和支持，帮孩子找到学习的自信和方法。

首先，他们会让孩子先休息一会儿，消化之前讲的内容，同时安慰孩子："有些题目比较难，一开始很难弄懂。我们不要急，慢慢想。"

然后，和孩子一起寻找其他解决问题的方法："这道题的确有点难，不如我们换个角度试试。""可能是我讲的方法你不理解。这样，我们先把这个问题放一放，你明天去问老师，怎样？"

如果孩子还是弄不懂，他们会鼓励孩子坚持："学习是一个过程，慢慢来。"如果孩子最终理解了问题，则会给予孩子肯定和表扬："看，经过你的努力，终于理解了。你其实是很聪明的！"

为什么这样做 ●

贬低不仅会打击孩子的自尊心，还会让孩子对学习产生恐惧和厌恶心理。当孩子感到自己被认为"笨""差劲"时，他们会慢慢丧失学习的动力和自信，变得越来越消极。

因此，父母要通过积极的引导和鼓励，帮孩子看到自己的潜力和进步，逐步培养他们的学习兴趣和信心。同时还要引导孩子明白一个道理：学习是一个需要反复探索的过程，每个孩子都有不同的学习节奏，只有找到自己的节奏和方法，才能有好的结果。

孩子不听话，不肯睡午觉，你威胁说："再不听话，我就不要你了！"

》高手父母的做法

高手父母不会通过威胁孩子来达到管教的目的，而是理解孩子的情绪，耐心引导孩子。

孩子不睡午觉，他们会询问原因："你为什么不睡午觉？是不困，还是想玩游戏？"如果孩子不困，他们会换个方式："既然你不困，可以闭上眼睛，听一个故事。"如果孩子想玩游戏，则会说："你可以睡 10 分钟，然后再玩游戏。你看，你眼皮都睁不开了，玩也玩不尽兴，对不？"

如果孩子还是不愿午睡，他们也不会强迫，而是给孩子选择的余地："你可以选择现在睡觉，下午到游乐场玩游戏；或者不睡觉，下午一个人在家里。"同时让孩子自己权衡利弊，作出决定。

为什么这样做

威胁的话虽然能在短期内让孩子听话、服从，但从长期来看，会给孩子的心理带来负面影响，他们会感到不安、恐惧，甚至怀疑父母的爱，认为父母可能会"抛弃"或"惩罚"自己。这种不安全感会严重影响孩子的情绪和信任感，让孩子对父母产生畏惧。

同时，这种威胁式教育不但无法让孩子树立自律意识，反而会让他们对父母产生防备心，甚至学会用威胁的方式去应对他人。

因此，父母要避免说吓唬孩子的话，而应给予孩子理解、引导和选择的空间，这样孩子才更愿意听从和信任父母。

孩子有丢三落四的坏习惯，你反复地唠叨、提醒，不但没效果，还让孩子烦

》 高手父母的做法

首先，高手父母只会提醒孩子一次，不会多次、反复提醒。如果孩子忘记带钥匙，他们会让孩子自己承担后果。

其次，他们会让孩子自己思考解决办法："你觉得有什么办法可以让自己记住带钥匙呢？"引导孩子培养独立的习惯和责任感。

再次，他们会与孩子一起建立一个提醒系统，比如设计一个小的每日出门清单，贴在门口，让孩子每次出门前都可以自己检查，确认是否带齐所有物品。

最后，他们理解孩子学习和改进需要时间，因此会给予孩子适当的时间和空间，用积极的方式鼓励孩子逐步改进。

为什么这样做 ▶

很多父母认为唠叨是为了帮孩子养成好习惯，但从孩子的角度来看，唠叨会让他们感到自己不被信任，从而产生逆反心理，还会削弱孩子的自主能力。孩子会因为总是依赖父母的提醒而失去独立性，甚至变得更不愿对自己的行为负责。同时，唠叨还容易让亲子关系紧张，让孩子觉得自己总是被批评和控制，反而更不愿意作出改变。

因此，父母要收起唠叨，采取积极引导的方式，帮孩子逐步树立自我管理的意识，同时建立有效的提醒系统和合理的管理方法，帮孩子培养独立性，让亲子关系更融洽。

第**26**天

孩子犯错，怎样批评才有效

◎ 什么样的批评能强化孩子的优点?

◎ 什么样的批评能促使孩子反思和改进?

◎ 孩子犯错后，孩子的解释就是掩饰吗?

◎ 什么样的批评能减少孩子的逆反心理?

◎ 什么样的批评有助于孩子更好地理解问题所在?

孩子考试成绩还不错，但因为粗心大意，错了两道不该错的题

》 高手父母的做法

高手父母会采用"三明治批评法"，在批评前后加上积极、正面的语言，既让孩子能认识到问题，又不会让孩子感到被打击。

首先，他们会用表扬或肯定孩子开场："这次考试你的成绩很不错，说明你认真学习了，值得表扬。"

接着，委婉地指出问题，并提出建议："不过，这两道题是不是不该做错？""我觉得你做题时应该细心一些，或者做完题后花一些时间认真检查试卷，这样结果可能会更好。"

最后，用鼓励的话结束："我相信你下次一定会更细心，做得会更好。"给孩子鼓励和希望，让孩子感受到父母对他的信任。

为什么这样做 ●

直接批评容易让孩子感到被攻击和贬低，挫伤他们的自尊心和积极性。而"三明治批评法"用表扬、肯定作为开场和结尾，可以减缓批评带来的负面影响，让孩子觉得父母是在帮助自己，而不是一味地责备。

因此，孩子犯错后，父母不能简单直接地批评，而要看到孩子的进步和优点，使用"三明治批评法"强化孩子的优点，帮他们更加明确自己可以改进的地方。这样才能给予孩子正向引导，逐步提高孩子的表现和能力。

孩子没完成作业，对老师谎称忘带了，是批评他的行为，还是质疑他的人品

» 高手父母的做法

高手父母明白，批评应该对事不对人，聚焦于孩子的具体行为，而不是孩子的人格或品质："你今天没完成作业，还对老师说了谎，这样的行为是错误的。一方面，作业没完成属于不负责的行为；另一方面，说谎属于不诚实的行为。我们要对你的这两个错误行为提出批评。"

接下来，会和孩子一起探讨解决方案："下次如果作业没完成，可以直接告诉老师，并说明原因，这样会显得你更加诚实和负责。"

最后，会给予孩子支持和鼓励："你是一个讲道理、能够反思的孩子。爸爸妈妈相信你能够认识到自己的错误，并在以后的事情上做得更好。每个人都会犯错，重要的是能从错误中学到东西。"

为什么这样做

"对人不对事"的批评方式不仅会伤害孩子的自尊心，还会让孩子认为父母不再信任他们，导致他们更难面对错误，失去改正的动力。

"对事不对人"的批评能帮孩子理解自己的具体错误，并促使他们反思和改进。当父母明确指出行为的问题，并给予指导时，孩子不仅更愿意去改正错误，还能保持信心，认识到错误并不能定义他们的人格，父母仍然爱他们。

孩子犯错后想作出解释，你不但不给他说话的机会，还训斥"我不听你狡辩"

》 高手父母的做法

高手父母会在批评前给孩子解释的机会，让孩子表达他们的想法和感受。比如，主动询问孩子犯错的原因："这次你犯了错，我想听听你是怎么想的？"

在孩子解释完后，他们不会急于作出判断，而是冷静地分析情况，区分事实与借口。

当孩子的解释合情合理时，他们会给予理解和接纳，但也会指出问题所在："我理解你说的，但是你确实犯了错，我需要对你提出批评。"

最后，他们会引导孩子改正错误，避免再发生类似的事情。

为什么这样做 ◎

孩子犯错后，父母允许孩子解释，不仅体现了对孩子的尊重和信任，还能帮孩子学会表达自己，坦诚地面对错误。即使孩子的解释有误，父母也可以在倾听过程中发现问题的真正原因，并有针对性地进行引导。

因此，父母看到孩子犯错不要急于批评，也不要理所当然地认为"孩子的解释就是掩饰，就是找借口"。批评前给孩子解释的机会，然后针对问题进行有效引导，才能让孩子更清晰地认识到自己行为的后果，同时让孩子更愿意接受父母的批评与建议，提升亲子间的沟通与理解。

孩子踢足球差点踢到别人，你当众批评他，他不但拒不认错，还和你顶嘴

》 高手父母的做法

　　面对这种情况，高手父母不会当众严厉批评孩子，而是温和地提醒："你刚刚差点踢到别人了，应该给对方道歉。"然后带孩子到对方面前，郑重地道歉。

　　得到对方谅解后，他们会把孩子带到人少的地方，私下与孩子沟通："广场上人多，还有很多小朋友玩耍，在那里踢球是错误的。刚刚你就差点踢到别人，对不对？所以，你应该到空旷人少的地方踢球。"让孩子意识到问题所在，从而主动认错。

　　如果孩子当时抵抗情绪严重，他们不会强行要求孩子道歉，而是等他冷静下来后，再引导他反思和承担责任。

为什么这样做 ●

　　父母当众批评孩子，容易让孩子感到难堪和羞辱，他们会不自觉地用顶嘴或反抗来保护自尊，反而使批评失去效果。同时，受到当众批评后，孩子会觉得父母不尊重自己，进而对父母产生不信任感。

　　因此，父母要注意批评孩子的时机和场合，尽量选择私下沟通的方式，这样不仅能维护孩子的自尊，还能更有效地帮助孩子认识自己的问题，并且减少逆反心理的产生，让孩子更愿意与父母进行正面的交流和沟通，逐渐学会反思自己的行为并承担责任。

你发现孩子偷玩手机后，开始翻旧账，孩子不但不改正，反而产生对抗心理

》 高手父母的做法

高手父母在批评孩子时，会就事论事，不翻旧账。

当他们发现孩子偷玩手机时，会针对这个问题提出批评："你为什么偷偷玩手机？是不是忘了我们的规定——除了周末，其他时间不能玩手机？"

接着，向孩子明确偷玩手机的害处："你现在年龄小，一旦玩手机上瘾，不但影响视力，还会耽误学习和休息。"

然后，再次重申家庭规则中关于手机使用的规定，让孩子明白哪些行为是允许的，哪些行为是不被允许的。

最后，说明违反规则的后果，给予孩子适当的惩罚，同时鼓励孩子改正错误："我相信你能认识到自己的错误，并努力改正。"

为什么这样做 ◉

翻旧账会让孩子感到父母在记仇，并且觉得自己无论做得多好，父母都只会记住自己过去的错误。这种批评方式会给孩子带来强烈的挫败感，导致孩子不愿意改正错误，甚至产生对抗心理。

就事论事的批评方式能让孩子感受到父母的公平和尊重，孩子会更愿意反思自己的行为。这不仅有助于孩子理解问题所在，还能帮助他们学会解决问题，进而养成更好的行为习惯。

因此，父母在批评孩子时要保持冷静、客观的态度，就事论事地批评，引导孩子认识到自己的错误。

想要孩子说，父母得会听

◎ 如何倾听才能更好地理解孩子、建立信任？

◎ 倾听时如何反馈才能增强孩子的安全感？

◎ 如何通过非语言信息了解孩子的内心？

◎ 如何及时发现孩子潜在的情绪困扰？

◎ 如何让孩子感受到自己的话语有价值？

孩子时常对你抗议："你到底有没有听我说话？""你从来不懂我在说什么！"

》 高手父母的做法

高手父母善于倾听孩子说话。他们不但带着耳朵去听，还带着大脑去听，即边倾听边思考：孩子讲的是什么问题？想达到什么目的？我该怎么回答。比如，孩子放学后，抱怨说："好累啊，可是一会儿还要写作业！"他们就会思考："孩子只是在抱怨累吗？是不是想多休息一会儿？还是需要我什么帮助？"

他们还会采取 3F 倾听法，即听事实（Fact）、听感受（Feel）、听意图（Focus），避免个人偏见和先入为主的观点，力求客观有效地倾听孩子说话，进而给予正确的反馈。比如，当孩子抱怨累的时候，不是主观地认为孩子想偷懒，而是客观地接收信息，或询问，或继续倾听，以弄清孩子的真实想法和意图。

最后，他们不会随便打断孩子说话，会采取多说多听和非指导性倾听的方式，尽可能让孩子表达自己。

为什么这样做 ◎

倾听能帮父母更好地理解孩子、建立信任并促进有效交流。但事实上，很多父母不会倾听，不但没有真正理解孩子的信息，给予正确的反馈，反而导致亲子间产生误解和冲突。

因此，父母要掌握有效倾听的方法，这样才能更准确地理解孩子的意思、感受和需求，从而更好地解决问题，同时让孩子感受到父母的关注、尊重和理解，产生信任感和安全感。

孩子向你诉说委屈，你感觉并没有什么大不了的，只用"嗯""哦"简单应付

》 高手父母的做法

面对这种情况，高手父母首先会认真倾听孩子说话，并通过眼神交流、点头、微笑等身体语言表达对孩子的关注和尊重。

接着，接纳孩子的情绪，引导孩子释放情绪："你是不是感到有些难过？如果你想哭，可以在妈妈面前哭。"同时给孩子一个拥抱。

等孩子情绪稳定后，他们会询问孩子："到底发生了什么事？能详细跟我说说吗？"

孩子说完后，他们会教孩子如何妥善地解决问题："如果再遇到类似的情况，你可以这样解决……"引导孩子正确处理所遇到的问题。

为什么这样做

孩子的情感世界虽然看似简单，但其实他们的情感波动可能非常剧烈。父母如果忽视和敷衍孩子，会让孩子感到不被理解和重视，从而逐渐封闭内心，减少与父母的沟通。

因此，在孩子倾诉的时候，父母不但要认真倾听他们的委屈和困扰，还要给予他们及时、正确的反馈，同时帮他们学会调节情绪，正确解决问题。这样不仅能增强孩子的安全感，还能促进亲子之间的情感交流，同时还能让孩子学会与他人的相处之道，无形中提高孩子的情商。

孩子回家后，你问他过得怎么样，他说"还可以"，但情绪不高，脸色也不好

》 高手父母的做法

　　高手父母懂得察言观色，不仅关注孩子所说的话，更注重孩子的非语言信息，比如情绪、微表情、行为举止等。他们发现孩子情绪不高，会进一步关心："你看起来不太开心，发生什么事了吗？"

　　如果孩子依然敷衍回答或不愿表达，他们会给孩子时间和空间，而不是继续追问。如果有必要，他们会选择换个轻松的话题，慢慢引导孩子打开话匣子："今天有没有发生有趣的事情？我发现你好像有点闷闷不乐，是不是遇到了什么问题？"

　　等孩子慢慢放松后，他们会耐心倾听孩子讲述，适时给予回应，让孩子感受到理解与支持，帮孩子厘清问题、处理困扰。

为什么这样做 ●

　　孩子的语言表达能力往往有限，尤其是在情绪低落时，他们可能不愿意或不知道如何用语言表达自己的感受。因此，孩子的非语言信息，如表情、动作、语气等，就成了父母了解孩子内心的重要线索。如果父母只是停留在孩子的口头回答上，可能会错过很多关键的情感信号。

　　因此，父母要善于捕捉孩子的非语言信息，通过这些信息了解孩子真正的情绪、心理状态，进而与孩子进行有效沟通，促使其健康成长。

你正在加班，孩子小心翼翼地说："你忙完了吗？""我同学好像被欺负了。"

》 高手父母的做法

　　高手父母不仅会关注孩子的言语，还能敏锐捕捉到孩子话语背后的情感。

　　当孩子小心翼翼地问"你忙完了吗"的时候，他们会意识到孩子其实是想说："我有烦恼想向你倾诉。""你有时间陪陪我吗？"

　　孩子提到"同学被欺负了"，他们会意识到孩子可能不仅仅是说同学的事，而是自己可能遭遇了类似的困扰，并在试探父母的态度。这时候，他们往往会放下手中的工作，认真地看着孩子，温柔地回应："我差不多忙完了，你想跟我聊聊吗？"

　　在孩子表达完后，他们还会进一步追问，了解更多细节，引导孩子说出事实，然后给予具体的建议或安慰，和孩子一起寻找解决问题的办法。

为什么这样做 ◉

　　孩子的言行中往往隐藏着他们的情感需求，特别是他们小心翼翼地试探父母时，往往说明他们内心有着不安或困惑。如果父母听话只听表面，不考虑话外之音，就可能错失孩子倾诉的机会。

　　父母只有培养敏锐的观察力，并用心倾听孩子说话，善于听孩子的弦外之音，才能及时发现孩子潜在的情绪困扰，给予他们所需的关注和关爱，同时拉近与孩子的距离，让孩子在情感上更加依赖自己，愿意在未来遇到问题时主动找自己寻求帮助。

你对孩子说的话没兴趣，觉得他说的话一点用都没有

≫ 高手父母的做法

高手父母认为，孩子也有表达想法和情感的权利，他们会认真对待孩子的表达，即使话题简单或看似无关紧要，也会耐心听孩子讲完，然后回应孩子的内容。

他们还会鼓励孩子提出问题或表达观点，即便孩子的想法并不成熟，也会认真倾听并给予肯定："你的想法挺有意思的，你可以尝试一下这样做。"同时引导孩子思考："除了这样做，你还能想到其他更好的办法吗？"

为什么这样做 ▶

父母不愿听孩子说话，不尊重孩子的话语权，随意打断或忽视孩子的表达，会对孩子的心理产生负面影响。长期受到轻视，孩子可能会觉得自己的想法不重要、不被认可，从而逐渐失去表达的欲望。他们可能会变得自卑，甚至在遇到问题时选择封闭自己，不愿向父母或他人寻求帮助。

所以，父母要给孩子足够的表达机会，认真听他们说话，尊重他们的话语权，这样才能让他们感受到自己的话语有价值，从而增强表达的自信心。而且，孩子在被认真倾听的过程中，会逐渐学会更清晰地表达自己，这有助于提高他们的表达能力。

此外，父母的关注和尊重还能增强亲子关系的紧密度，让孩子更愿意和父母分享自己的内心世界。

第**28**天

想要孩子听，父母得会说

◎ 怎样沟通，孩子更愿意分享自己的想法?

◎ 怎样沟通，孩子更愿意心甘情愿去执行任务?

◎ 怎样沟通，孩子能实现学习和兴趣的均衡发展?

◎ 怎样沟通，孩子能找到更健康、有效的学习方式?

◎ 怎样沟通，孩子能建立积极的学习心态?

你喜欢吼叫和打骂孩子，结果孩子越来越不愿听你说话

》 高手父母的做法

首先，在情绪失控前，高手父母会暂停自己的反应。比如生气时深呼吸，给自己几秒钟先平复情绪，然后再与孩子沟通。

其次，他们会站在孩子的角度去思考问题，理解孩子的情绪和动机。比如孩子不愿做作业，他们会先询问孩子为什么，而不是直接吼叫、打骂。

再次，他们会选择温和的语气与孩子沟通，明确表达自己的期望："我知道你觉得做作业很无聊，但作业是学习的一部分，我们可以一起想个方法让它变得更有趣。"

最后，他们会给孩子表达感受和观点的机会，并认真倾听、积极回应孩子的情绪和需求。

为什么这样做 ◗

情绪化的沟通，包括吼叫和打骂，只能让孩子短暂地服从，但是会破坏亲子间的信任和沟通。孩子在情绪紧张的环境下，会关闭与父母的沟通渠道，变得更为抗拒和叛逆。

有效沟通是亲子之间建立亲密关系的桥梁。父母需要采取冷静、尊重、温和的沟通方式，这样不仅能解决孩子的问题，还能培养孩子的情绪管理能力和问题解决能力。

当父母愿意倾听并理解孩子的感受时，孩子更愿意分享自己的想法，也更愿意接受父母的引导和建议，亲子关系也会更融洽。

你经常命令孩子"你必须""你应该"，但孩子却总是与你对抗

》 高手父母的做法

高手父母不会直接命令孩子做这做那，而是采取建议的方式引导孩子自愿去完成任务。

首先，他们会用开放式的问题来引导孩子思考："你觉得是先做完作业再玩，还是先玩一会儿再做作业更好呢？"如果孩子依然不愿行动，则会提供有效建议："你可以先完成两项作业，然后玩一会儿，再完成其他作业。"

接着，会向孩子强调合作和共识："我希望你既学得好，又玩得开心，既然这样，为什么不选择一个两全其美的方法呢？我们可以制订一个合理的计划，这样你既能有时间玩，又能完成学习任务。"

为什么这样做 ●

孩子也有自己的意愿和自主性，命令式的沟通会让他们感到压迫和反感，不仅会削弱他们的积极性和合作精神，还可能让亲子关系变得紧张。

而建议式的沟通更注重孩子的参与感和选择权，不仅能增强孩子的自主意识，还能建立更健康的亲子关系。因此，父母应避免用命令的口吻和孩子说话，而应采用建议的方式给予孩子一定的选择权，这样更容易让孩子理解父母的意图，从而心甘情愿地去执行任务，同时还能让孩子在参与决策的过程中学会如何处理问题和分配时间，有助于培养孩子的责任感和独立思考能力。

孩子酷爱足球，常因踢球完不成作业，你禁止他踢足球，但没什么用

》 高手父母的做法

高手父母会主动与孩子展开深度沟通，耐心倾听孩子热爱足球的原因，例如对球星的崇拜、享受运动的快乐，或者喜欢与朋友一起踢球的团队合作感。

在理解孩子的情感基础上，父母会循序渐进地引导孩子认识到学习与责任的重要性。例如："踢球确实能让你更健康，更开心，但如果没有好的学业基础，将来可能很难实现你的梦想。完成作业和提升成绩是你作为学生的责任。"通过适当的语言艺术，他们让孩子意识到自己在家庭和学业中的角色，而非单纯的服从。

接着，会与孩子一起制订合理的时间规划和学习计划，帮孩子平衡学习和踢球的时间。同时激发孩子的学习动力："如果你坚持按时完成作业或者成绩有所提高，我们可以去观看 ×× 球赛。"

为什么这样做

孩子对足球的热爱是一种自然的兴趣和爱好，是其成长过程中的一部分。如果父母强行禁止，只会让孩子觉得自己被忽视和压制，进而产生叛逆情绪，甚至对学习产生厌恶。

父母应该学会换位思考，理解、尊重和接纳孩子的兴趣，引导孩子学会合理地分配时间，才能顺利地解决问题。父母要明白，兴趣和学习并非对立的两极，而是可以共存的。引导孩子在兴趣和责任之间找到平衡，才能让孩子提升学习效率和热情，实现均衡发展。

期末考试前，孩子每天熬夜学习到 12 点，你一再说教，但没什么效果

》 高手父母的做法

首先，高手父母会表达对孩子努力的认可："我知道你很努力，为了期末考试每天都复习到很晚，这说明你很有责任心。"

接着，引导孩子认识到健康的重要性："我注意到你最近白天精神不太好，学习效率也有所降低。你有没有发现，你的记忆力好像变差了？这是睡眠不足导致的。如果你在白天精神好，是不是学习效果也会更好？"

然后，与孩子一起探讨如何在学习和休息之间找到平衡："我们不如做一个作息计划，既能保证高效复习，又能让你保持精力充沛。"

最后，跟孩子分享一些高效的学习方法，比如利用番茄工作法、利用早上的黄金时间，让孩子明白学习时间的质量比长度更重要。

为什么这样做 ●

孩子在考试期间熬夜，通常是因为学习压力大。此时，单纯说教只会让孩子觉得父母不理解自己，从而不愿听从父母的说教，甚至明知父母说得有道理，也故意不听。

父母应采取正向引导和双向交流的方法，认可孩子的努力，引导孩子制订合理的作息计划，帮他们找到更健康、有效的学习方式。这样既能帮孩子养成健康的生活方式，又能引导孩子学会管理时间，提升学习效率。

看到孩子成绩比别人差，你不住埋怨："你看看人家 ××，比你强多了！"

》 高手父母的做法

首先，高手父母不会把焦点放在孩子与他人的比较上，而是会关注孩子的进步："我看到你这次比上次有了进步，虽然还没达到目标，但已经比之前好多了。"通过认可孩子的努力和鼓励孩子的进步，帮助孩子建立自信。

其次，他们会与孩子一起分析当前存在的问题，帮孩子找到改进的方法："我们一起看看，是哪个知识点还没掌握好，还是学习方法需要调整？"

最重要的是，他们会降低孩子的心理压力，帮孩子逐步设立小目标："学习不是一朝一夕的事，得一步步来。你不用着急，只要肯努力，就一定能有所提升。"

为什么这样做 ●

父母的埋怨和比较虽然是出于对孩子的关心和期望，但是会让孩子感到自我价值被否定，容易让孩子产生自卑感和挫败感，甚至引发孩子对学习的抵触情绪。长此以往，孩子可能会因为过度焦虑和压力，失去学习的兴趣和动力，变得越来越不自信。

因此，父母应尽量避免埋怨孩子，更不要拿孩子和其他孩子做比较，应该给予孩子鼓励和支持，帮助孩子建立自信心。只有这样，孩子才更愿意持续努力，不断进步。

第 **29** 天

父母情绪稳定，孩子才有安全感

◎ 父母控制不住脾气，会对孩子造成哪些伤害？

◎ 父母情绪多变对孩子有哪些负面影响？

◎ 父母为什么要避免把坏情绪带回家？

◎ 父母为什么要保持平常心，避免过度焦虑？

◎ 父母为什么要避免在孩子面前争吵？

面对孩子不听话，你总是忍不住发火，每次吼完孩子后，又后悔自责

》 高手父母的做法

    首先，高手父母会在情绪来临时，采取"情绪暂停"的方式。比如他们会提醒自己："我先冷静一下，不要急着发火。"然后暂时离开，给自己一个情绪缓冲的机会。

    接着，理性分析孩子行为背后的原因，思考孩子的行为是因情绪问题、注意力不集中还是有其他原因。

    然后，用平静的语气与孩子沟通："妈妈现在很生气，因为你的行为是不对的。在公共场合，我们应保持安静……"

    最后，通过正面强化的方式，比如及时鼓励和表扬孩子的好行为，帮孩子建立正向行为模式。

为什么这样做

    父母控制不住自己的脾气，一方面，会导致孩子精神过度紧张、焦虑、缺乏安全感。他们会担心父母随时发脾气，从而变得小心翼翼。久而久之，他们可能会变得自卑，认为自己不被关爱，甚至出现抑郁情绪。另一方面，孩子会对父母的批评产生免疫，甚至反抗情绪。长此以往，孩子还会下意识地模仿这种情境，形成坏脾气或攻击性的性格。

    因此，父母应努力控制自己的脾气，即便孩子淘气、不听话，也要保持冷静和理智，耐心地引导他们认识并改正错误。

你上一秒还满脸笑，下一秒就因一点小事变了脸，劈头盖脸给孩子一通骂

》 高手父母的做法

高手父母能保持情绪稳定，当感到自己情绪即将失控时，会立即停止与孩子的互动，避免让情绪主导行为。

同时，他们会反思自己的情绪来源，用积极的视角看问题，避免过度解读和夸大孩子的行为。即反思自己的情绪并非完全由孩子引发，而是可能源于自己的压力、疲惫或外部环境的影响。

一旦因情绪不稳定，冲孩子发火，他们会立即向孩子道歉："妈妈刚才情绪激动了，对不起。你能原谅妈妈吗？"

他们还会努力改变自己，寻找保持情绪稳定的方法。如果感到情绪难以自控，往往会寻求家人、朋友或专业人士的帮助。

为什么这样做

父母的情绪稳定与否会影响孩子的情感发展和安全感。如果父母情绪多变或起伏过大，孩子就会陷入焦虑和不安，难以判断父母的情感表达是否真实，从而对父母的爱产生怀疑。

因此，父母要学会管理自己的情绪，尽量保持情绪稳定，这样才能为孩子提供一个稳定、温暖的家庭环境，让孩子感到安全和关爱。

更重要的是，父母情绪稳定有助于孩子的情感发展，能帮孩子学会处理自己的情绪，让孩子逐渐掌握健康的情绪管理能力。

你业绩没完成，回家后给孩子甩脸色；你被领导批评，回家后拿孩子撒气

》 高手父母的做法

高手父母不会把负面情绪带给孩子，而会在进入家门前做一个情绪转换，把工作中的烦恼暂时放下。

首先，他们会给自己设立一个"情绪暂停区"，比如回家前在门外深呼吸几次，调整好情绪再进门。如果觉得情绪难以平复，则暂时避免与孩子直接接触，选择到房间休息一会儿，再与孩子互动。

其次，他们会主动告诉孩子："今天爸爸妈妈在工作上遇到了一些事情，情绪不太好，可能说话有点急，但这和你没关系。"

最后，他们会用健康的方式宣泄自己的负面情绪，比如运动、听音乐、向朋友倾诉等。同时与孩子分享自己的感受，教会孩子如何面对情绪问题。

为什么这样做 ●

大人的世界免不了承受各种压力、烦恼或委屈，情绪不好是非常正常的。但是，孩子年龄小，不知道父母为什么生气，也不知道自己做错了什么，所以会产生委屈和恐惧。

因此，父母要尽量避免把坏情绪带回家，更不能把坏情绪发泄在孩子身上。只有做好情绪转换，正确与孩子进行沟通，才能维护家庭的和谐，构建和谐的亲子关系，同时给孩子树立正面榜样，教会他们如何处理情绪，进而提升情商和心智。

孩子上小学后，你担心他的成绩、安全、交友，每天都焦虑不已

》 高手父母的做法

高手父母也会担心孩子，但他们会保持平常心，避免过度焦虑。

首先，他们会对自己说："孩子已经大了，具有一定的独立性。我没必要那么担心。""这是孩子的必经之路，我要学会慢慢放手。"

其次，他们不会过度干涉孩子的日常，给孩子留出自己的空间，引导他们慢慢适应学校生活。如果孩子遇到困难，他们会给予建议和引导，让孩子学会处理问题和麻烦，并帮助孩子树立自信心："妈妈相信你能处理好这些事。如果你需要帮助，随时可以来找我。"

最后，他们十分注重培养孩子的独立性和应对能力，不会事无巨细地安排孩子的生活，而是让孩子自己去探索和适应。比如让孩子自己决定如何安排课余时间。

为什么这样做 ●

父母过度焦虑不仅会影响自己的心理健康，还会影响孩子的情绪和行为。孩子在感受到父母的焦虑和不安后，容易产生依赖心理，认为自己无法独自面对问题，甚至对新环境产生畏惧感。

因此，父母要保持平常心，避免过度焦虑，同时营造一种轻松的家庭氛围，让孩子感受到安全而不是压力，还要帮孩子建立信心，让他们知道父母是他们的后盾，但更多的问题需要自己去解决。这样孩子才能逐渐学会面对挑战，建立良好的适应能力。

你和爱人发生矛盾，激烈争吵，孩子感到害怕，吓得哇哇大哭

≫ 高手父母的做法

高手父母不会当着孩子的面争吵，即便因意见不合而争吵，也会躲着孩子。如果争吵被孩子碰到，他们会采取以下措施：

首先，当孩子感到害怕时，他们会立即暂停争吵，把注意力转向孩子，心平气和地安抚孩子："爸爸妈妈有点意见不合，但现在没事了，你不用担心。"

其次，他们会选择在孩子不在场的情况下冷静处理问题。比如等孩子睡觉后或孩子去上学时，再进行沟通。

最后，在情绪平复后，他们会和孩子解释情况："爸爸妈妈虽然有时候会有不同意见，但这不代表我们不爱对方，也不代表我们的家庭有什么问题。我们永远爱你。"

为什么这样做 ▶

在孩子成长过程中，父母是他们的安全感来源。父母在孩子面前发生争吵，会让孩子失去安全感，怀疑父母间的关系是否稳定，甚至把父母的争吵解读为家庭的不稳定，进而对家庭产生恐惧和焦虑感。频繁目睹父母争吵还可能影响孩子的情感发展，让他们在未来面对冲突时采取不健康的应对方式。

因此，父母应避免在孩子面前争吵，保护孩子的心理安全。如果被孩子看到争吵的画面，要及时进行冷静处理和事后解释，安抚孩子的情绪。

第**30**天

化解亲子冲突，重建
信任与连接

◎ 进入青春期后，如何化解与孩子之间的冲突？

◎ 与孩子发生冲突，为什么不能用权威去压制孩子？

◎ 与孩子发生冲突，父母为什么要放下输赢之争？

◎ 你把精力全花在孩子身上，孩子为什么不领情？

◎ 冲突过后孩子拒绝沟通，父母如何"破冰"？

孩子上初中后，时常跟你发生冲突、争吵，有的关于学习，有的关于生活

≫ 高手父母的做法

高手父母明白，亲子冲突的根源在于孩子进入青春期，心理和认知发生了变化，他们正在寻求自我身份和独立感。

首先，他们会采取平等沟通的态度，尊重孩子的观点，而不是一味地否定或压制孩子。

其次，他们会注重界限的设定和适度放手。在学习上，他们不会过分控制孩子，而是给予孩子一些自主权："我相信你有能力规划自己的学习时间，如果有需要，我会随时帮助你。"

在生活中，他们不会事无巨细地干涉孩子，而是允许孩子自己做决定："你可以按照自己的想法去做，但也要为结果负责。"

为什么这样做 ●

进入青春期后，随着自我意识的发展，孩子会希望摆脱对父母的依赖，争取更多的自主权。而父母往往还在用孩子幼年时期的教育方式对待他们，这就导致了冲突的产生。

父母要学会尊重孩子的独立性需求，给予孩子更多的自主权，同时设定明确的界限，避免放任不管。这既能让孩子感受到父母的信任，又能让孩子学会为自己的行为负责。

父母还要采取有效的沟通方式，避免将每次冲突都视为叛逆，而是将其视为亲子关系深化的机会。这样孩子才能逐渐学会在冲突中表达自己，父母也能在这个过程中增强与孩子的情感连接。

与孩子发生冲突，你用权威去压制孩子，孩子表面妥协了，内心却越来越叛逆

》 高手父母的做法

高手父母在面对亲子冲突时，首先会让自己冷静下来，耐心倾听孩子的想法，理解孩子的立场和感受。

其次，他们会从孩子的角度出发，理解孩子的困扰，并在尊重孩子想法的基础上，协商一个双方都能接受的方案："我们能不能想出一个折中的办法，既能满足你，也能达到我们的目的？"

最重要的是，他们在解决问题的过程中，不会用家长的身份和权威来压孩子，而是形成一种双向、平等的沟通模式。

为什么这样做 ●

父母用权威去压制孩子，虽然能让孩子表面上妥协、服从，但实际上，孩子的内心会产生更多的不满和叛逆情绪。当这种不满和叛逆情绪积累到一定程度时，孩子会彻底爆发，与父母进行对抗。

换句话说，父母如果总是强调自己的权威，忽视孩子的感受，会让孩子的叛逆情绪越来越强，最终导致亲子关系越来越疏远。

因此，当与孩子产生冲突时，父母应通过平等的沟通和协商，让孩子感受到被尊重，这样才能尽快解决当前矛盾，并建立良好的亲子互动模式。

因小事与孩子发生冲突，你非要分出个对错，结果小事升级，争吵加剧

》 高手父母的做法

高手父母明白，在亲子沟通中，一味追求对错不能真正解决问题，反而会加深孩子的反感和敌对情绪。尤其是孩子情绪激动时，非要争个对错，只会激化矛盾。因此，他们会采取以下措施：

首先，保持冷静和理智，避免陷入情绪化的争执。他们会用尊重的态度倾听孩子的想法，即便不同意孩子的观点，也会先表达理解。

然后，试着从不同角度来看待问题，着眼于找到解决问题的方法。比如引导孩子一起思考解决问题的途径，或者先停止争执，转而讨论其他事情。

最后，给予孩子一定的自主空间，让孩子进行自我反思。

为什么这样做 ◐

在亲子关系中，过于强调"输赢""对错"会使矛盾激化，特别是在孩子心中，父母的过度坚持会让他们感到被压制，进而反抗或疏远父母。

父母只有放下"输赢"之争，让沟通回归理性，着眼于问题的解决，而不是情绪的发泄，才能平息亲子冲突，与孩子建立更加亲密和信任的亲子关系；同时只有这样，才能让孩子学会沟通和解决问题，增强他们的责任感和独立思考能力。

你把全部时间和精力花在孩子身上，他却不领情，动不动就和你争吵、作对

》 高手父母的做法

高手父母明白，亲子关系的核心不在于父母为孩子做了多少牺牲，而在于是否建立了良好的沟通。想真正走进孩子的内心，需要的是情感连接，而非单方面的付出。

首先，他们不会把自己的期望强加给孩子，而会用心倾听孩子的心声，尊重孩子的想法和需求。

其次，他们会调整自己的沟通方式，不再以争吵和指责作为解决问题的途径，而是以温和、鼓励的态度与孩子交流。他们不再只关心孩子的成绩，而是表达对孩子的关心："我知道你压力很大，我们一起来寻找缓解压力的方式，好吗？"

最后，他们会给孩子自主的空间，让孩子在自主选择中找到学习动力，同时鼓励孩子对自己的学习和生活负责。

为什么这样做 ●

父母的爱和付出如果用错了表达方式，很容易被孩子误解为压力和控制。孩子需要被理解和尊重，而不是被强迫去做他们不愿意的事情。当父母把所有精力投在孩子身上，并不断抱怨孩子辜负自己的付出时，孩子会感到巨大的压力，从而产生逆反心理。

因此，父母应尝试理解孩子，同时通过情感沟通的方式走进孩子的内心，只要与孩子建立了亲密、信任的亲子关系，问题自然能迎刃而解。

冲突过后，孩子拒绝和你沟通，把自己关在屋子里，说什么都不开门

≫ 高手父母的做法

　　高手父母首先会调整自己的情绪，避免在情绪激动时逼孩子开门。他们会轻轻敲门，温和地说："我知道你现在需要一些时间冷静，我就在外面，有什么事随时可以找我。"

　　接下来，如果自己有错，会主动向孩子认错："刚刚是我误会你了，我真诚向你道歉，对不起。"

　　然后，主动创造一个轻松的环境，尝试以非对抗的方式重新与孩子建立联系。比如从门缝给孩子递一张小纸条。

　　最后，在孩子冷静后，寻找适当的时机与孩子沟通。他们不会立刻去谈冲突本身，而是先聊一些轻松的话题，重新建立亲近感。

为什么这样做 ◉

　　在亲子冲突中，孩子封闭自己、拒绝沟通是一种自我保护的行为。强行突破这种屏障只会让孩子更加抗拒。因此，父母要在冲突后保持冷静，用耐心和温和的态度"破冰"。

　　主动沟通和尊重孩子的想法和感受，能让孩子感受到父母不是在责备他们，而是希望找到解决问题的方式。当孩子感受到父母的理解和尊重时，他们会慢慢放下防御，愿意重新沟通。同时，这种沟通方式还能引导孩子学会在冲突后正确地表达自己，而不是采取极端的方式封闭或伤害自己。